普通医药院校创新型系列教材

儿科护理学

（第二版）

陈玉瑛　主编

科学出版社

北京

内 容 简 介

为适应医学继续教育实用性人才培养的发展需要,本教材坚持以"本科水平、成教特色、重在实用、便于自学"为总体编写原则,体现继续教育的成人性、基础性和自主性。采用"学习要点"开篇,"小结"与之呼应,使学习有的放矢,提高学习效率,案例与教学内容相结合的编写形式,将知识与技能有机结合,以"知识拓展"开阔视野,以"推荐补充阅读书目及网站"形式提高阅读广度与深度,旨在全面提高学生临床思维能力与实践能力,弥补传统教学之缺陷,致力于培养实用型、技能型护理人才。

本教材共十七章,内容涵盖了儿童时期的生长发育、儿童营养保健、现阶段儿科最常见的疾病的治疗与护理及儿科常用护理操作技术。根据继续教育特点,本教材选用各系统重点疾病为代表,以重点问题引入的方法,将护理程序有机贯穿其中。

本教材可供普通医药院校护理学专业本、专科学生,在职临床护理人员,继续教育学员,以及从事各层次护理专业教学、管理工作者参考、学习使用。

图书在版编目(CIP)数据

儿科护理学 / 陈玉瑛主编. —2版. —北京:科学出版社,2018.3

普通医药院校创新型系列教材

ISBN 978-7-03-056613-3

Ⅰ. ①儿… Ⅱ. ①陈… Ⅲ. ①儿科学-护理学-医学院校-教材 Ⅳ. ①R473.72

中国版本图书馆CIP数据核字(2018)第036252号

责任编辑:闵 捷
责任印制:谭宏宇 / 封面设计:殷 靓

科学出版社 出版
北京东黄城根北街16号
邮政编码:100717
http://www.sciencep.com

南京展望文化发展有限公司排版
北京虎彩文化传播有限公司印刷
科学出版社发行 各地新华书店经销

*

2015年7月第 一 版 开本:889×1194 1/16
2018年3月第 二 版 印张:9 3/4
2019年1月第三次印刷 字数:255 000

定价:39.00元

(如有印装质量问题,我社负责调换)

普通医药院校创新型系列教材

专家指导委员会

主任委员
龚卫娟

委 员
（按姓氏笔画排序）

丁玉琴	万小娟	王艳	王劲松	刘永兵
刘佩健	许正新	李吉萍	李国利	肖炜明
吴洪海	张菁	张瑜	陈玉瑛	郁多男
季坚	郑英	胡艺	胡兰英	祝娉婷
贾筱琴	龚卫娟	康美玲	梁景岩	葛晓群
程宏	谢萍	窦英茹	廖月霞	

普通医药院校创新型系列教材

《儿科护理学》
编辑委员会

主 编
陈玉瑛

副主编
倪春梅　钱　敏

编　委
（按姓氏笔画排序）

丁　卉　成小丽　刘　林　刘顺英　刘艳林
宋祥芳　陈玉瑛　钱　敏　倪春梅

第二版前言

为了更好地实施健康中国战略,落实新时代健康卫生工作的纲领,助推健康中国建设,顺应全国高等护理学专业教育发展与改革的需要,延伸护理服务内涵,培养能够满足人民群众多样化、多层次健康护理人才的需求。扬州大学护理学院在对继续教育实用型人才培养系列用书之一《儿科护理学》教材进行全面、充分调研的基础上,组织来自临床一线、富有多年临床护理实践经验的护理管理者和护理骨干对本教材进行新一轮修订。

本轮教材修订结合了调研结果、教育模式特点及医学继续教育培养目标,体现专科知识、临床实践能力、综合素质并重的培养模式,坚持"本科水平、成教特色、重在实用、便于自学"的原则。本教材每章附有案例分析及参考答案供读者温习所学内容,引导学生建立临床思维,提高临床观察、分析、判断和解决问题的能力,儿科常用护理技术章节可借助扫描二维码,帮助教材使用者在移动终端共享数字资源。

全书共十七章,内容涵盖了现阶段儿科最常见的疾病。第一章至第四章,分别是绪论、生长发育与健康评估、儿童保健、住院儿童护理及家庭支持。概括性介绍儿童生长发育、儿童用药特点及儿科常用护理技术。第五章至第十七章主要为各种疾病的护理,分别按照新生儿疾病、营养性疾病、消化系统疾病、呼吸系统疾病、循环系统疾病、泌尿系统疾病、血液系统疾病、神经系统疾病、内分泌疾病、免疫性疾病、感染性疾病、危重症及常见肿瘤进行系统介绍。各类疾病从病因、典型临床表现、实验室检查、治疗原则、常见护理诊断/问题、护理措施、案例分析等方面进行阐述,每章附有案例分析及参考答案供读者温习所学内容,努力构建理论与实践相结合的桥梁,便于读者养成独立思考、分析和解决问题的能力。

在编写本书过程中,我们参考了国内有关教材、书籍和文件资料,谨向被引用内容的相关作者表示感谢和敬意。本教材的全体参编人员付出了辛勤的劳动,由于时间紧迫与编写水平有限,本教材肯定存在不少不足之处,恳切希望得到护理同道们及有关专家同仁的批评指正,使之在使用过程中不断修改充实并日臻完善。

主编

2017 年 11 月

目 录

第二版前言

第一章　绪论　001

第一节　儿童的年龄分期　001
第二节　儿科特点及儿科护理的一般原则　002
　　一、儿科特点　002
　　二、儿科护理的一般原则　003
第三节　儿科护理学的发展与展望　003

第二章　生长发育与健康评估　005

第一节　生长发育规律及影响因素　005
　　一、生长发育规律　005
　　二、影响生长发育的因素　006
第二节　儿童体格生长发育及评价　006
　　一、体格生长常用指标　006
　　二、出生至青春前期体格生长规律　006
　　三、体格生长评价　007
第三节　与体格生长有关的各系统发育　009
　　一、骨骼发育　009
　　二、牙齿发育　010
　　三、生殖系统发育　010
第四节　儿童神经心理发育　010
　　一、神经系统的发育　010
　　二、感知的发育　010
　　三、运动的发育、语言的发育及心理活动的发展　011
第五节　儿童健康评估　012
　　一、健康史的采集　012
　　二、身体评估　012

第三章　儿童保健　015

第一节　各年龄期儿童特点及保健重点　015
　　一、胎儿期及围生期　015
　　二、新生儿期　016
　　三、婴儿期　016
　　四、幼儿期　016
　　五、学龄前期　016
　　六、学龄期与青春期　016
第二节　儿童保健的具体措施　017
　　一、护理　017
　　二、营养　017
　　三、儿童心理卫生　017
　　四、定期健康检查　017

	五、体格锻炼	018		二、免疫程序	019
第三节	意外伤害预防	018		三、预防接种的常见反应及注意事项	019
第四节	计划免疫	019	第五节	新生儿疾病筛查	020
	一、免疫方式及常用制剂	019			

第四章　住院儿童护理及家庭支持　　022

第一节	儿童医疗机构的设置和护理管理	022		四、儿童给药方法	026
第二节	住院患儿的心理护理及家庭护理	023	第六节	儿童体液平衡特点及液体疗法	027
	一、心理反应及护理	023		一、儿童体液平衡特点	027
	二、评估及家庭护理	023		二、水、电解质和酸碱平衡紊乱	027
	三、患儿临终关怀与家庭的情感支持	023		三、液体疗法	029
第三节	与患儿及其家长的沟通	023	第七节	儿科常用护理技术	030
	一、与患儿的沟通	023		一、婴儿沐浴法	030
	二、与患儿家长的沟通	023		二、约束保护法	031
第四节	儿童疼痛管理	024		三、静脉留置管术	031
	一、儿童疼痛的评估	024		四、全静脉营养	031
	二、儿童疼痛的护理	025		五、股静脉穿刺法	032
第五节	儿童用药特点及护理	026		六、经外周静脉导入中心静脉置管术	032
	一、儿童用药特点	026		七、暖箱使用法	033
	二、儿童药物选用及护理	026		八、光照疗法	034
	三、儿童药物剂量计算	026			

第五章　新生儿及新生儿疾病患儿护理　　036

第一节	概述	036		六、护理措施	040
	一、根据胎龄分类	036		七、健康指导	040
	二、根据出生体重分类	036	第四节	新生儿缺氧缺血性脑病	040
	三、根据出生体重和胎龄关系分类	036		一、概述	040
	四、高危儿	037		二、临床表现	041
第二节	正常足月儿和早产儿的特点及护理	037		三、实验室检查与其他辅助检查	041
	一、正常足月儿与早产儿的特点	037		四、治疗	041
	二、常见的几种特殊生理状态	038		五、护理诊断	041
	三、护理诊断	038		六、护理措施	041
	四、护理措施	038		七、健康指导	041
	五、健康指导	039	第五节	新生儿颅内出血	042
第三节	新生儿窒息	039		一、概述	042
	一、概述	039		二、临床表现	042
	二、临床表现	039		三、实验室检查与其他辅助检查	042
	三、实验室检查与其他辅助检查	040		四、治疗	042
	四、治疗	040		五、护理诊断	042
	五、护理诊断	040		六、护理措施	042

	六、健康指导	042		二、临床表现	050
第六节	新生儿呼吸窘迫综合征	043		三、治疗	050
	一、概述	043		四、护理诊断	050
	二、临床表现	043		五、护理措施	050
	三、实验室检查与其他辅助检查	043		六、健康指导	051
	四、治疗	043	第十一节	新生儿坏死性小肠结肠炎	051
	五、护理诊断	043		一、概述	051
	六、护理措施	043		二、临床表现	051
	七、健康指导	044		三、实验室检查与其他辅助检查	051
第七节	新生儿黄疸	044		四、治疗	051
	一、概述	044		五、护理诊断	051
	二、新生儿黄疸的分类	044		六、护理措施	052
	三、治疗	044		七、健康指导	052
	四、健康指导	044	第十二节	新生儿低血糖	052
第八节	新生儿溶血病	044		一、概述	052
	一、概述	044		二、临床表现	052
	二、临床表现	045		三、实验室检查与其他辅助检查	052
	三、实验室检查与其他辅助检查	045		四、治疗	052
	四、治疗	045		五、护理诊断	053
	五、护理诊断	045		六、护理措施	053
	六、护理措施	045		七、健康指导	053
	七、健康指导	045	第十三节	新生儿低钙血症	053
第九节	新生儿感染性疾病	046		一、概述	053
	一、新生儿败血症	046		二、临床表现	053
	二、新生儿巨细胞病毒感染	046		三、实验室检查与其他辅助检查	053
	三、先天性弓形虫感染	047		四、治疗	053
	四、新生儿衣原体感染	048		五、护理诊断	053
	五、新生儿梅毒	049		六、护理措施	053
第十节	新生儿寒冷损伤综合征	050		七、健康指导	054
	一、概述	050			

第六章　儿童营养及营养障碍性疾病患儿的护理　　057

第一节	能量与营养素的需要	057	第三节	蛋白质-能量营养障碍	058
	一、能量的需要	057		一、概述	058
	二、营养素的需要	057		二、临床表现	059
第二节	婴幼儿喂养	058		三、实验室检查与其他辅助检查	059
	一、母乳喂养	058		四、治疗	059
	二、部分母乳喂养	058		五、护理诊断	059
	三、人工喂养	058		六、护理措施	059
	四、婴儿食物转换	058	第四节	单纯性肥胖症	059

	一、概述	059		一、概述	061
	二、临床表现	059		二、临床表现	061
	三、实验室检查与其他辅助检查	059		三、治疗	061
	四、治疗	060		四、护理诊断	062
	五、护理诊断	060		五、护理措施	062
	六、护理措施	060		六、健康指导	062
第五节	营养性维生素D缺乏性佝偻病	060	第七节	锌缺乏症	062
	一、概述	060		一、概述	062
	二、临床表现	060		二、临床表现	062
	三、实验室检查与其他辅助检查	060		三、治疗	062
	四、治疗	061		四、护理诊断	062
	五、护理诊断	061		五、护理措施	062
	六、护理措施	061		六、健康指导	063
第六节	维生素D缺乏性手足搐搦症	061			

第七章　消化系统疾病患儿的护理　　064

第一节	口腔炎症	064		一、概述	066
	一、概述	064		二、临床表现	066
	二、临床表现	064		三、实验室检查与其他辅助检查	066
	三、治疗	064		四、治疗	067
	四、护理诊断	065		五、护理诊断	067
	五、护理措施	065		六、护理措施	067
第二节	胃食管反流	065		七、健康指导	067
	一、概述	065	第四节	肠套叠	068
	二、临床表现	065		一、概述	068
	三、实验室检查与其他辅助检查	065		二、临床表现	068
	四、治疗	065		三、实验室检查与其他辅助检查	068
	五、护理诊断	065		四、治疗	068
	六、护理措施	066		五、护理诊断	068
第三节	婴幼儿腹泻	066		六、护理措施	068

第八章　呼吸系统疾病患儿的护理　　070

第一节	急性上呼吸道感染	070		七、健康指导	071
	一、概述	070	第二节	急性支气管炎	071
	二、临床表现	070		一、概述	071
	三、实验室检查与其他辅助检查	071		二、临床表现	071
	四、治疗	071		三、实验室检查与其他辅助检查	071
	五、护理诊断	071		四、治疗	072
	六、护理措施	071		五、护理诊断	072

	六、护理措施	072		二、临床表现	074
第三节	肺炎	072		三、实验室检查与其他辅助检查	074
	一、概述	072		四、治疗	074
	二、支气管肺炎	072		五、护理诊断	075
	三、几种不同病原体所致肺炎的特点	073		六、护理措施	075
第四节	支气管哮喘	074		七、健康指导	075
	一、概述	074			

第九章　循环系统疾病患儿护理　　078

第一节	先天性心脏病	078	第二节	病毒性心肌炎	081
	一、概述	078		一、概述	081
	二、临床表现	079		二、临床表现	081
	三、实验室检查与其他辅助检查	079		三、实验室检查与其他辅助检查	081
	四、治疗	080		四、治疗	081
	五、护理诊断	080		五、护理诊断	081
	六、护理措施	080		六、护理措施	081
	七、健康指导	080		七、健康指导	081

第十章　泌尿系统疾病患儿的护理　　084

第一节	急性肾小球肾炎	084		四、治疗	086
	一、概述	084		五、护理诊断	087
	二、临床表现	084		六、护理措施	087
	三、实验室检查与其他辅助检查	085		七、健康指导	087
	四、治疗	085	第三节	泌尿道感染	088
	五、护理诊断	085		一、概述	088
	六、护理措施	085		二、临床表现	088
	七、健康指导	086		三、实验室检查与其他辅助检查	088
第二节	肾病综合征	086		四、治疗	088
	一、概述	086		五、护理诊断	088
	二、临床表现	086		六、护理措施	088
	三、实验室检查与其他辅助检查	086		七、健康指导	088

第十一章　血液系统疾病患儿的护理　　091

第一节	儿童造血和血液特点	091		二、营养性巨幼细胞贫血	093
	一、造血特点	091	第三节	出血性疾病	094
	二、血液特点	091		一、特发性血小板减少性紫癜	094
第二节	儿童贫血	092		二、血友病	095
	一、营养性缺铁性贫血	092			

第十二章　神经系统疾病患儿的护理　097

第一节　化脓性脑膜炎　097
　　一、概述　097
　　二、临床表现　097
　　三、实验室检查与其他辅助检查　098
　　四、治疗　098
　　五、护理诊断　098
　　六、护理措施　098
　　七、健康指导　098
第二节　病毒性脑炎　099
　　一、概述　099
　　二、临床表现　099
　　三、实验室检查与其他辅助检查　099
　　四、治疗　099
　　五、护理诊断　099
　　六、护理措施　099
　　七、健康指导　099
第三节　癫痫发作和癫痫　100
　　一、概述　100
　　二、临床表现　100
　　三、实验室检查与其他辅助检查　100
　　四、治疗　100
　　五、护理诊断　101
　　六、护理措施　101
　　七、健康指导　101

第十三章　内分泌疾病患儿的护理　103

第一节　生长激素缺乏症　103
　　一、概述　103
　　二、临床表现　103
　　三、实验室检查与其他辅助检查　103
　　四、治疗　104
　　五、护理诊断　104
　　六、护理措施　104
第二节　儿童糖尿病　104
　　一、概述　104
　　二、临床表现　104
　　三、实验室检查与其他辅助检查　105
　　四、治疗　105
　　五、护理诊断　105
　　六、护理措施　105
　　七、健康指导　106

第十四章　免疫性疾病患儿的护理　107

第一节　儿童免疫系统发育特点　107
　　一、非特异性免疫　107
　　二、特异性免疫　107
第二节　原发性免疫缺陷病　107
　　一、概述　107
　　二、临床表现　107
　　三、实验室检查与其他辅助检查　108
　　四、治疗要点　108
　　五、护理诊断　108
　　六、护理措施　108
第三节　风湿热　108
　　一、概述　108
　　二、临床表现　108
　　三、实验室检查与其他辅助检查　108
　　四、治疗　109
　　五、护理诊断　109
　　六、护理措施　109
　　七、健康指导　109
第四节　过敏性紫癜　109
　　一、概述　109
　　二、临床表现　109
　　三、实验室检查与其他辅助检查　110
　　四、治疗　110
　　五、护理诊断　110
　　六、护理措施　110
　　七、健康指导　110

第五节　皮肤黏膜淋巴结综合征　110
　　一、概述　110
　　二、临床表现　110
　　三、实验室检查与其他辅助检查　111
　　四、治疗　111
　　五、护理诊断　111
　　六、护理措施　111
　　七、健康指导　111

第十五章　感染性疾病患儿的护理　113

第一节　麻疹　113
　　一、概述　113
　　二、临床表现　113
　　三、实验室检查与其他辅助检查　113
　　四、治疗　114
　　五、护理诊断　114
　　六、护理措施　114
　　七、健康指导　114

第二节　水痘　114
　　一、概述　114
　　二、临床表现　114
　　三、实验室检查与其他辅助检查　115
　　四、治疗　115
　　五、护理诊断　115
　　六、护理措施　115
　　七、健康指导　115

第三节　流行性腮腺炎　115
　　一、概述　115
　　二、临床表现　115
　　三、实验室检查与其他辅助检查　116
　　四、治疗　116
　　五、护理诊断　116
　　六、护理措施　116
　　七、健康指导　116

第四节　手足口病　116
　　一、概述　116
　　二、临床表现　116
　　三、实验室检查与其他辅助检查　117
　　四、治疗　117
　　五、护理诊断　117
　　六、护理措施　117

第五节　中毒型细菌性痢疾　117
　　一、概述　117
　　二、临床表现　117
　　三、治疗　118
　　四、护理诊断　118
　　五、护理措施　118

第六节　结核病　118
　　一、概述　118
　　二、实验室检查与其他辅助检查　118
　　三、治疗　119
　　四、预防　119

第七节　原发性肺结核　119
　　一、概述　119
　　二、临床表现　119
　　三、辅助检查　120
　　四、治疗　120
　　五、护理诊断　120
　　六、护理措施　120

第八节　结核性脑膜炎　120
　　一、概述　120
　　二、临床表现　120
　　三、辅助检查　121
　　四、治疗原则　121
　　五、护理诊断　121
　　六、护理措施　121

第十六章　危重症患儿的护理　123

第一节　儿童惊厥　123
　　一、概述　123
　　二、临床表现　123
　　三、实验室检查与其他辅助检查　124
　　四、治疗　124
　　五、护理诊断　124

六、护理措施	124	二、临床表现	126
七、健康指导	124	三、实验室检查与其他辅助检查	126
第二节 急性呼吸衰竭	124	四、治疗	126
一、概述	124	五、护理诊断	126
二、临床表现	125	六、护理措施	127
三、实验室检查与其他辅助检查	125	七、健康指导	127
四、治疗	125	第四节 心跳呼吸骤停	127
五、护理诊断	125	一、概述	127
六、护理措施	125	二、临床表现	127
第三节 充血性心力衰竭	126	三、治疗	127
一、概述	126	四、护理措施	128

第十七章　常见肿瘤患儿的护理　　130

第一节 急性白血病	130	二、临床表现	133
一、概述	130	三、实验室检查与其他辅助检查	133
二、临床表现	130	四、治疗	133
三、实验室检查与其他辅助检查	130	五、护理诊断	133
四、治疗	131	六、护理措施	133
五、护理诊断	131	第四节 神经母细胞瘤	134
六、护理措施	131	一、概述	134
七、健康指导	131	二、临床表现	134
第二节 淋巴瘤	131	三、实验室检查与其他辅助检查	134
一、霍奇金淋巴瘤	131	四、治疗	134
二、非霍奇金淋巴瘤	132	五、护理诊断	134
三、淋巴瘤患儿的护理	132	六、护理措施	134
第三节 肾母细胞瘤	133	七、健康指导	134
一、概述	133		

推荐补充阅读书目及网站　　136

主要参考文献　　139

第一章

绪 论

学习要点

- **掌握**：儿童的年龄分期。
- **熟悉**：儿科护理的一般原则。

儿科护理学是研究儿童生长发育规律及其影响因素、儿童保健、疾病防治与护理，以促进儿童身心健康的一门专科护理学。儿科护理学的服务对象是自胎儿到青春期的儿童，他们具有不同于成人的特征及需要。

第一节 儿童的年龄分期

儿童生长发育是一个连续渐进的动态过程，但随着年龄的增长，儿童的解剖、生理和心理等功能确实在不同的阶段表现出与年龄相关的规律性。因此，在实际工作中将儿童年龄划分为七期。

1. 胎儿期 从受精卵形成至胎儿娩出止，约40周。分三个阶段：① 妊娠早期：从输卵管移行到宫腔着床至各系统组织器官的形成，此期为12周。此期应避免受外界不利因素影响，包括感染、各种创伤、化学物质、放射线及营养缺乏等。② 妊娠中期：13～28周。此期胎儿各器官迅速生长，功能渐成熟，胎龄28周以后出生者，存活希望较大。③ 妊娠后期：29～40周。此期胎儿以肌肉发育和脂肪积累为主。

2. 新生儿期 自胎儿娩出脐带结扎至生后28天称新生儿期。出生不满7天的阶段称新生儿早期。此期新生儿的生理功能进行调整以逐渐适应外界环境，不仅发病率高，死亡率也高。因此，新生儿时期的保温、喂养、清洁、消毒等护理工作特别重要。

3. 婴儿期 出生后到1周岁之前为婴儿期。婴儿6个月后，体内来自母体的免疫抗体逐渐消失，而自身免疫功能尚不成熟，所以合理营养及有计划地接受预防接种尤其重要。

4. 幼儿期 自满1周岁到3周岁之前为幼儿期。体格生长发育速率较前减慢，智能、语言、思维和社会适应能力增强，自主性和独立性不断发展，应注意防止各种意外发生是本年龄段的重要任务。

5. 学龄前期 自满3周岁到6～7岁入小学前为学龄前期。此期儿童体格发育速度处于稳步增长阶段；智能发育更趋完善，应加强早期教育，培养其良好的道德品质和生活自理能力。

6. 学龄期 自6～7岁入小学始至青春期前为学龄期。此期儿童体格生长仍稳步增长，除生殖系统外各器官外形已接近成人，智能发育更为成熟，可以接受系统的科学文化教育。

笔记栏

7. 青春期 青春期年龄一般为10~20岁,女孩的青春期开始与结束年龄都比男孩早2年左右。此期开始与结束年龄可相差2~4岁。儿童体格生长再次加速,出现第二个生长高峰,同时生殖系统发育加速并趋于成熟。

第二节 儿科特点及儿科护理的一般原则

一、儿科特点

1. 儿童解剖生理特点

(1) 解剖特点:儿童的体重、身高(长)、头围、胸围、臂围、骨骼、牙齿等遵循一定的规律不断生长发育,身体各部分比例也发生改变。熟悉儿童的正常发育规律,才能做好保健护理工作。

(2) 生理生化特点:各系统的功能也随着年龄的增长发育成熟,因此不同年龄儿童的生理、生化正常值各自不同,如心率、呼吸、血压、周围血象、血清和其他体液的生化检验值等。儿童生长发育快,代谢旺盛,对营养物质及能量的需要量相对比成人多,但胃肠功能未趋成熟,极易发生营养缺乏和消化紊乱。

(3) 免疫特点:儿童的非特异性免疫、体液免疫和细胞免疫功能都不成熟,对疾病的防御能力差。新生儿血清IgM浓度低,易患革兰阴性菌感染;婴幼儿时期SIgA和IgG水平较低,易发生呼吸道和消化道感染。

2. 儿童心理社会特点 儿童时期是心理、行为形成的基础阶段,可塑性强。不同年龄阶段儿童心理特征不同,应提供合适的环境和条件给予正确的引导和教养;要及时发现儿童的天赋气质特点,并通过训练予以调适。

3. 儿科临床特点

(1) 病理特点:同一致病因素儿童与成人有较大差异的病理反应。如维生素D缺乏时,婴儿患佝偻病而成人则表现为骨软化症;肺炎球菌所致的肺部感染在婴儿常为支气管肺炎,而在年长儿和成人则表现为大叶性肺炎。

(2) 疾病特点:儿童疾病种类与临床表现与成人迥异,如新生儿疾病常与先天遗传和围生期因素有关,婴幼儿以感染性疾病占多数;心血管疾病中,儿童先天性心脏病多见,而成人则以冠心病多见;儿童肿瘤以白血病多见,而成人则以肺癌、乳腺癌为多;先天性疾病、遗传性疾病和感染性疾病较成人多见。此外,儿童病情发展过程易反复、波动,变化多端,故应密切观察才能及时发现问题、及时处理。

(3) 诊治特点:不同年龄阶段儿童患病有其独特的临床表现,故在临床诊断中应重视年龄因素。以惊厥为例,发生在新生儿期,首先考虑产伤、颅内出血、缺血缺氧性脑病等;发生在婴儿期首先考虑热性惊厥或手足搐搦症;发生在年长儿则要想到癫痫和其他神经系统疾病。儿童对病情的表述常有困难且不准确,但仍应认真听取和分析,同时必须详细倾听家长陈述病史。全面准确的体格检查对于儿科的临床判断非常重要。儿童用药剂量与成人不同,应依据年龄、体重或体表面积计算。

(4) 预后特点:儿童疾病起病急、来势凶猛,但若能及时处理,度过危险期后,往往好转恢复也快,且较少转成慢性病或留下后遗症。年幼、体弱、危重病患儿病情变化迅速,应严密监护、积极抢救。

(5) 预防特点:儿童时期的预防工作使儿童的发病率和病死率大大下降,也使许多成人疾病或老年性疾病得到了有效控制,如儿童时期的饮食与中老年的动脉粥样硬化引起的冠状动脉粥样硬化性心脏病、高血压和糖尿病有关。儿科医护人员应将照顾的焦点从疾病的治疗转移到疾病的预

笔记栏

防和健康的促进上。

二、儿科护理的一般原则

1. 以儿童及其家庭为中心　　儿科工作者必须尊重、支持、鼓励并提高家庭的功能,重视不同年龄阶段儿童的特点,关注儿童及其家庭成员的心理感受和服务需求,与他们建立伙伴关系,为儿童家长创造照顾儿童的机会并让他们展示才能;为儿童及其家庭提供健康教育、营养指导、预防保健、疾病护理和心理支持等服务,让他们将健康信念和健康行为的重点放在疾病预防和健康促进上。

2. 实施身心整体护理　　护理工作既要满足不同年龄段儿童的生理需要和维持已有的发育状况,还要维护和促进儿童心理行为的发展和精神心理的健康;既要关心儿童机体各系统器官功能的协调平衡,又要使儿童的生理、心理活动状态与社会环境相适应。

3. 减少创伤和疼痛　　大多数治疗手段是有创的、疼痛的,对于儿童来说是令他们害怕的。儿科工作者应充分认识疾病本身及其治疗和护理过程对儿童及其家庭带来的影响,正确执行各项治疗、护理操作规程,并采取有效措施防止或减少儿童与家庭的分离,帮助儿童及其家庭建立把握感和控制感。

4. 遵守法律和伦理道德规范　　儿科工作者应尊重儿童的人格,自觉遵守法律和伦理道德规范。

5. 多学科协同护理　　儿科护理涉及多个学科,需要多学科协同来实现保障和促进儿童身心健康的目标。

第三节　儿科护理学的发展与展望

与西方医学相比,我国的中医儿科起源要早得多,祖国医学在儿童疾病的防治与护理方面有丰富的经验。从祖国医学发展史和丰富的医学典籍及历代名医传记中,经常可见到有关儿童保健、疾病预防等方面的记载。

19世纪下半叶,西方儿科学发展迅速,并随着商品和教会进入我国,使得我国的营养不良性疾病、传染病和感染性疾病的防治工作有了较大起色,儿童的发病率明显下降,病死率逐年降低。

中华人民共和国成立以后,历届宪法都特别提出了保护母亲和儿童的条款。护理工作不断发展,从推广新法接生、实行计划免疫、在城乡各地建立和完善了儿童医疗保健机构、提倡科学育儿,直至形成和发展了儿科监护病房(PICU)和新生儿监护病房(NICU)等专科护理。儿科护理范围、护理水平有了很大的拓展和提高。2011年国务院颁发了《中国妇女发展纲要(2011—2020年)》和《中国儿童发展纲要(2011—2020年)》,进一步把妇女和儿童健康纳入国民经济和社会发展规划,作为优先发展的领域之一。

20世纪80年代初,我国恢复了中断30余年的高等护理教育,90年代始又发展了护理研究生教育,21世纪初成立护理博士学位授予点,培养了一大批护理骨干人才,使护理队伍向高层次、高素质方向发展。儿科护理学已逐渐发展成为有独特功能的专门学科,其研究内容、范围、任务涉及影响儿童健康的生物、心理、社会等各个方面,儿科专科护理人员将成为促进儿童健康的主要力量。

21世纪是生命科学的时代,儿科疾病谱将继续发生变化,儿童健康将面临新的机遇和挑战:① 感染性疾病仍然是威胁儿童健康的主要问题,一些已经得到控制的(如结核)及新的(如艾滋病)传染病在全球范围内的回升与蔓延,将不断对儿童健康构成新的威胁;② 儿童精神卫生将成为人们越来越重视的问题,各种媒介手段对儿童的影响越来越大,应高度关注其产生的负面影响;③ 环境污染对儿童健康的危害将越来越受到重视;④ 成人疾病的儿童期预防工作成为儿科工作者

笔记栏

所面临的一项新任务;⑤预防儿童时期意外损伤将成为儿科领域的一个前沿课题;⑥青春医学等多学科对儿科学的渗透将是21世纪的热门课题;⑦儿科疾病的基因诊断和治疗将得到发展和普及。儿科护理人员应适应儿科学的发展,不断学习,勇于探索和创新,为提高儿童健康水平和中华民族的整体素质做出更大贡献。

小 结

儿童的年龄分期
- 胎儿期:妊娠早期、妊娠中期、妊娠晚期
- 新生儿期
- 婴儿期
- 幼儿期
- 学龄前期
- 学龄期
- 青春期

【思考题】

简述儿科护理的一般原则。

(钱 敏 刘艳林)

第二章

生长发育与健康评估

学习要点

- **掌握**：① 概述儿童生长发育的规律；② 体重、身高、头围、胸围、上臂围等生长发育的各项指标的正常值、计算方法、测量方法及意义；③ 头颅骨、牙齿生长发育的各项指标的正常值、计算方法、测量方法及意义。
- **熟悉**：① 列出儿童体格生长常用指标；② 脊柱、长骨等生长发育的各项指标的正常值、测量方法及意义。
- **了解**：选择合适的正常儿童体格生长标准参照值作为比较，正确评价儿童生长发育状况。

生长发育是指从受精卵到成人的成熟过程，是儿童区别于成人的最重要特点。生长是指儿童身体各器官、系统的长大，可用相应的测量数值来表示其"量"的变化；发育是指细胞、组织、器官的分化与功能成熟，是"质"的改变。生长和发育两者紧密相关，生长是发育的物质基础，生长的量的变化可在一定程度上反映身体器官、系统的成熟状况。

第一节 生长发育规律及影响因素

一、生长发育规律

1. **生长发育是连续的、有阶段性的过程** 生长发育在整个儿童时期不断进行，但各年龄阶段生长发育有一定的特点，不同年龄阶段生长速率不同。例如，体重和身长的增长在生后第1年，尤其是前3个月最快，第1年为生后的第一个生长高峰；第2年以后生长速率逐渐减慢，青春期又迅速加快，出现第二个生长高峰。

2. **各系统、器官生长发育不平衡** 各系统器官的发育顺序遵循一定规律(图2-1)。如神经系统发育较早，在生后2年内发育最快；淋巴系统在儿童期迅速生长，于青春期前达高峰，以后逐渐下降至成人

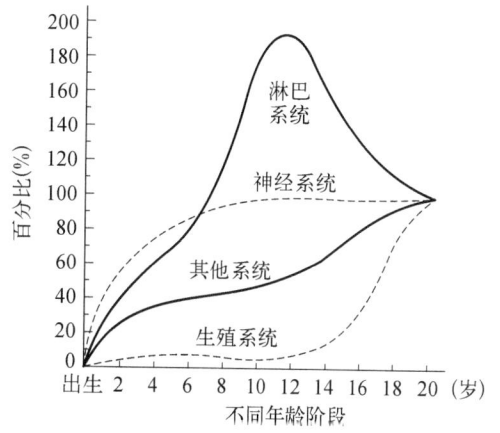

图 2-1 各系统器官发育不平衡

水平;生殖系统发育较晚。各系统发育速度的不同与儿童不同年龄阶段的生理功能有关。

3. **生长发育的一般规律** 生长发育遵循由上到下、由近到远、由粗到细、由低级到高级、由简单到复杂的规律。如出生后运动发育的规律是:先抬头、后抬胸,再会坐、立、行(从上到下);先抬肩、伸臂,再双手握物;先会控制腿,再控制脚的活动(由近到远);先会用全手掌抓握物品,再发展到能以手指端摘取(从粗到细);先会画直线,进而能画图形、画人(由简单到复杂);先会看、听和感觉事物、认识事物,再发展到记忆、思维、分析、判断事物(由低级到高级)。

4. **生长发育的个体差异** 儿童生长发育虽按一定的总规律发展,但在一定范围内由于受遗传、环境的影响而存在着相当大的个体差异,每个人生长的"轨迹"不完全相同。因此,儿童的生长发育水平有一定的正常范围,所谓"正常值"不是绝对的,评价时必须考虑各种因素对个体的影响,才能作出正确的判断。

二、影响生长发育的因素

1. **遗传因素** 细胞染色体所载基因是决定遗传物质的基础。儿童生长发育的"轨迹"或特征、潜能、趋势、限度等,由父母双方的遗传因素共同决定。种族、家族的遗传信息影响深远,如皮肤和头发的颜色、面部特征、身材高矮、性成熟的迟早、对营养素的需要量、对传染病的易感性等。遗传性疾病无论是染色体畸变或代谢缺陷对生长发育均有显著影响。男女性别也可造成生长发育的差异,因此在评价儿童生长发育时应按男、女标准进行。

2. **环境因素**

(1) 营养:合理的营养是儿童生长发育的物质基础。年龄越小,受营养的影响越大。营养素供应充足且比例恰当,加上适宜的生活环境,可使儿童的生长潜力得到充分的发挥。

(2) 疾病:任何急、慢性疾病均可直接影响儿童的体格生长。如急性感染常使体重减轻,长期慢性疾病则同时影响体重和身高的增长。

(3) 孕妇情况:胎儿在宫内的发育受孕妇生活环境、营养、情绪、健康状况等各种因素的影响。如妊娠早期感染病毒可导致胎儿先天性畸形;妊娠期严重营养不良可引起流产、早产和胎儿体格生长及脑的发育迟缓;孕妇接受药物、放射线辐射、环境毒物污染和精神创伤等,可使胎儿发育受阻。

(4) 生活环境:阳光充足、空气新鲜、水源清洁、居住条件舒适等,能促进儿童生长发育,反之,则带来不良影响。家庭生活模式、亲子关系、父母育儿观念、婚姻质量等也直接影响儿童的早期发展水平。

第二节 儿童体格生长发育及评价

一、体格生长常用指标

体格生长常用的指标包括体重、身高(长)、坐高(顶臀长)、头围、胸围、上臂围、皮下脂肪厚度等。

二、出生至青春前期体格生长规律

1. **体重的增长** 体重是反映儿童体格生长,尤其是营养状况的最易获得的敏感指标,也是儿科临床计算药量、输液量等的重要依据。

新生儿出生体重与胎次、胎龄、性别及宫内营养状况有关。我国 2005 年九个市城区调查结果显示平均男婴出生体重为 (3.33 ± 0.39) kg,女婴为 (3.24 ± 0.39) kg,与世界卫生组织的参考值相近(男 3.3 kg,女 3.2 kg)。

出生后体重增长应为胎儿宫内体重生长曲线的延续。部分新生儿在生后数天因摄入不足、胎粪及水分的排出，可致体重暂时性下降，又称生理性体重下降。多在生后3~4 d达到最低点，下降范围为5%~10%，以后逐渐回升，至第7~10天恢复到出生时的水平。

儿童年龄越小，体重增长越快。出生后前3个月体重增长最快，一般每月增长600~1 000 g，生后3个月末的体重约为出生时体重的2倍(6 kg)；出生后9个月体重的增长约等于前3个月体重的增长，即12个月龄时体重约为出生体重的3倍(9.5~10.5 kg)，呈现"第一个生长高峰"。生后第2年体重增加2.5~3 kg，2岁时体重约为出生体重的4倍(12~13 kg)；2岁后到青春前期体重稳步增长，进入青春期后体格生长再次加快，呈现"第二个生长高峰"。为便于医务人员计算小儿用药量和液体量，可用以下公式进行估算(表2-1)。

表2-1 正常儿童体重、身高估算公式

年龄	体重(kg)	年龄	身高(cm)
12个月	10	12个月	75
1~12岁	年龄(岁)×2+8	2~12岁	年龄(岁)×7+75

2. 身高(长)的增长　身高(长)指头、脊柱与下肢长度的总和。3岁以下儿童应仰卧位测量身长。3岁以后立位测量身高。立位测量比仰卧位少1~2 cm。身高(长)的增长规律与体重增长相似，也出现婴儿期和青春期两个生长高峰期。出生时身长平均为50 cm，生后第1年身长增长最快，约为25 cm，其中前3个月增长11~13 cm，约等于后9个月的增长值，故1岁时身长约75 cm。第2年增加速度减慢，为10~12 cm，到2岁时身长约87 cm。2岁后身长(高)稳步增长，每年增加6~7 cm，2岁以后每年身高增长低于5 cm，为生长速率下降。各年龄期儿童头、颈、躯干和下肢所占身高(长)的比例在生长过程中发生变化，头占比例由婴幼儿期的1/4逐渐减为成人的1/8。

3. 坐高的增长　坐高(顶臀长)指由头顶至坐骨结节的长度，3岁以下儿童取仰卧位测量的值称顶臀长。坐高代表头颅与脊柱的生长。下肢增长速度随年龄增长而加快，坐高占身高的百分数随之下降，此改变反映身材的匀称性。

4. 头围的增长　头围是指自眉弓上缘经枕骨结节绕头一周的长度，与脑发育和颅骨生长有关。胎儿时期脑发育居各系统的领先地位，故出生时头围相对较大(33~34 cm)。头围的增长规律与体重、身长增长相似，前3个月和后9个月都增长6~7 cm，即1岁时约46 cm；1岁以后头围增长明显减慢，2岁时约48 cm；15岁时达成人水平54~58 cm。故头围测量在2岁以内最有价值。头围过小常提示脑发育不良；头围过大或增长过快则提示脑积水、脑肿瘤的可能。

5. 胸围的增长　胸围是指平乳头下缘经肩胛骨角下绕胸1周的长度，反映肺和胸廓的生长。出生时胸围约32 cm，略小于头围1~2 cm。1岁时胸围约等于头围。1岁至青春前期胸围应大于头围(约为头围+年龄-1 cm)。头围、胸廓生长曲线交叉时间与儿童营养和胸廓发育有关。

6. 上臂围的增长　上臂围指沿肩峰与鹰嘴连线的中点水平绕上臂1周的长度，反映上臂肌肉、骨骼、皮下脂肪和皮肤的发育水平。1岁以内上臂围增长迅速，1~5岁期间增长缓慢。在测量体重、身高不方便的场合，可测量上臂围以普查1岁以上、5岁以下儿童的营养状况。评估标准为：>13.5 cm为营养良好；12.5~13.5 cm为营养中等；<12.5 cm为营养不良。

三、体格生长评价

儿童处于快速生长发育阶段，身体形态和各部分比例变化较大。充分了解儿童各阶段生长发育的规律和特点，正确评价其生长发育状况，及早发现问题，给予适当的指导和干预，对促进儿童的健康成长十分重要。

1. 体格生长评价常用方法

(1) 均值离差法(标准差法)：适用于正态分布状况，常用均值离差法，以平均值加减标准差(SD)来表示，如68.3%的儿童生长水平在均值±1 SD范围内，95.4%儿童在均值±2 SD范围内，

99.7%儿童在均值±3SD范围内。用儿童体格生长指标的实测值与均值比较,根据实测值在均值上下所处的位置,确定和评价儿童发育等级。国内最常用五等级评价标准(表2-2)。

表2-2 五等级评价标准

等级	离差法	百分位数法
上	>均值+2SD	>P_{97}
中上	均值+(1SD~2SD)	P_{75}~P_{97}
中	均值±1SD	P_{25}~P_{75}
中下	均值-(1SD~2SD)	P_3~P_{25}
下	<均值-2SD	<P_3

(2)百分位数法:当测量值呈偏正态分布时,百分位数法能更准确地反映所测数值的分布情况。当变量呈正态分布时,百分位数法与均值离差法两者相应数相当接近。

(3)中位数法:当样本量呈正态分布时中位数等于均数或第50百分位数。当测量值呈非正态分布时,用中位数表示变量的平均水平较妥。

(4)标准差的离差法:该方法用偏离该年龄组标准差的程度来反映生长情况,可用于不同人群间的比较。

(5)指数法:用两项指标间相互关系作比较。① Kaup指数,即体重(kg)/身高(cm)^2×10^4,其含义为单位面积的体重值,主要反映体格发育水平及营养状况,尤其适用于婴幼儿。15~19为正常,13~15为消瘦,19~22为优良,>22表示肥胖。② 体质指数(BMI),即体重(kg)/身高(m)^2,它能

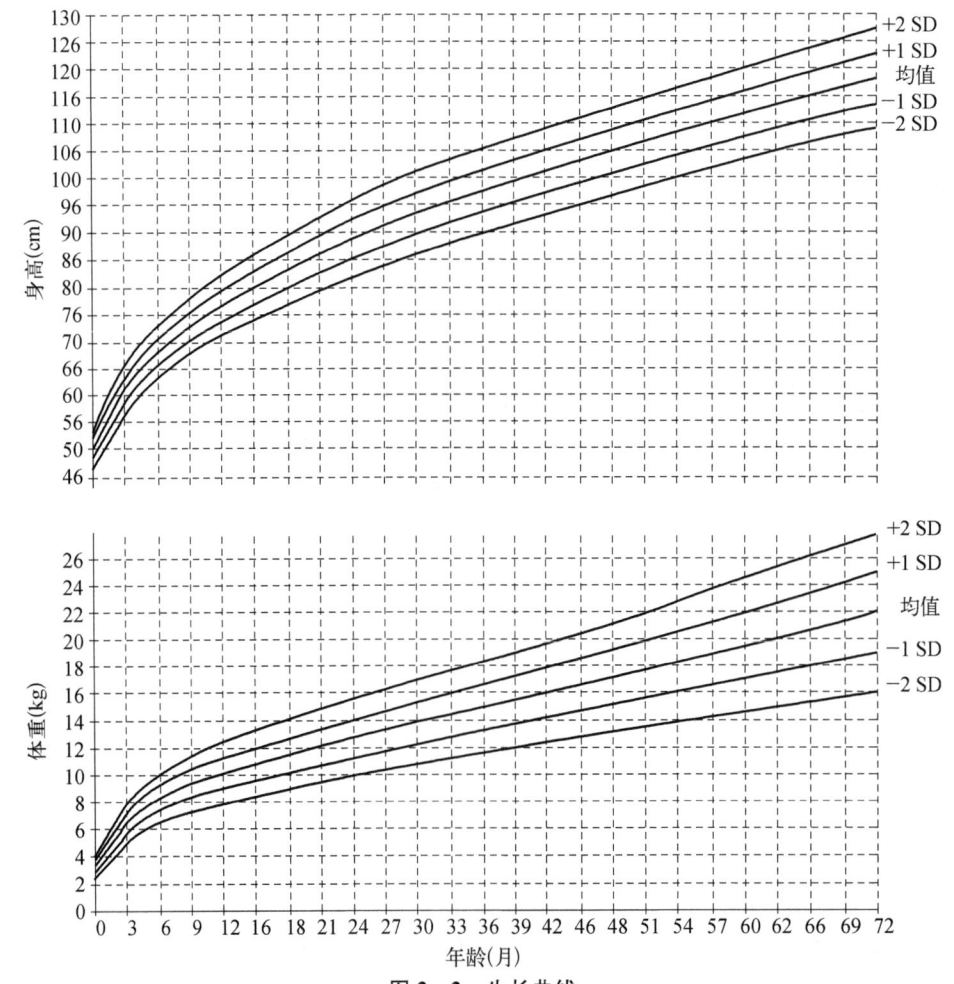

图2-2 生长曲线

较为敏感地反映体型胖瘦,近年来得到国内外学者高度重视,常用于区别正常或肥胖和评价肥胖程度。消瘦 BMI≤18.5,肥胖 BMI≥25。

(6) 生长曲线评价法:将同性别、各年龄组儿童的某项体格生长指标(如身高、体重等)值按离差法或百分位数法的等级绘成曲线,制成生长曲线图(图2-2),能直观准确地了解某项指标的发育水平,还能对此进行定期纵向观察,易于发现生长的趋势有无偏离现象,以便及时查明原因,及时采取干预措施。

2. **体格生长评价内容** 儿童体格生长评价包括生长水平、生长速度和匀称程度3个方面。

(1) 生长水平:将某一年龄时点的某一项体格生长指标测量值(横断面测量)与参照人群值进行比较,得到该儿童此项体格生长指标在此年龄组中所处的位置,通常以等级表示其结果。

(2) 生长速率:是对某项体格生长指标定期连续测量,如身高、体重,获得该项指标在某一年龄阶段的增长值与参照人群值比较,即为该儿童该项指标的生长速率。生长速率的评价较生长水平更能真实地反映儿童的生长情况。生长速率正常的儿童生长基本正常。

(3) 匀称程度:评估儿童体格发育各项指标间的关系。① 体型匀称,常以身高所得的体重与参照人群值比较,反映体型生长的比例关系;② 身材匀称,以坐高(顶臀长)/身长(高)的比值与参照人群值比较,反映儿童下肢发育状况。结果以匀称、不匀称表示。

第三节 与体格生长有关的各系统发育

一、骨骼发育

1. **颅骨** 颅骨随脑的发育而增长,颅骨间小的缝隙为骨缝,大的缝隙为囟门。除头围外,还可据骨缝闭合、前囟大小及后囟闭合时间来评价颅骨的发育。颅骨缝出生时略微分开,3~4个月时闭合。出生时后囟很小或已闭合,最迟出生后6~8周龄闭合。前囟为顶骨和额骨边缘形成的菱形间隙(图2-3),出生时1~2cm,后随颅骨发育而增大,6个月左右逐渐骨化而变小,1~1.5岁时闭合,最迟不超过2岁。前囟检查在儿科很重要,如脑发育不良时头围小、前囟小或早闭,甲状腺功能减退时前囟迟闭,颅内压增高时前囟张力增加,极度消瘦或脱水者前囟凹陷。

2. **脊柱** 脊柱的增长反映脊椎骨的生长。出生后第1年脊柱增长快于四肢,之后四肢增长快于脊柱。新生儿时脊柱无弯曲,仅呈轻微后凸,3个月左右抬头动作的出现使颈椎前凸;6个月左右的坐位出现胸椎后凸;1岁左右开始行走时出现腰椎前凸。6~7岁时韧带发育完善,这3个脊柱自然弯曲被韧带所固定。注意坐、立、走姿势,选择合适的桌椅,对保证儿童脊柱正常形态非常重要。

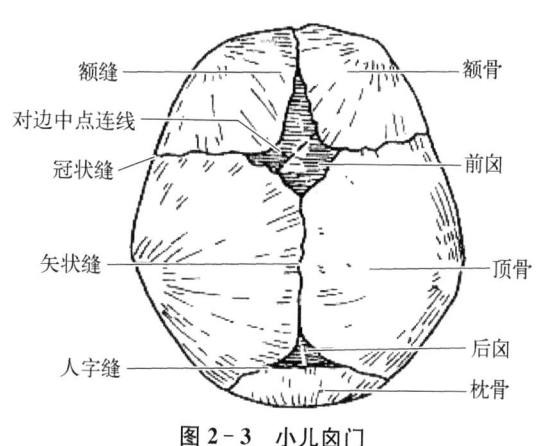

图2-3 小儿囟门

3. **长骨发育** 随着年龄的增长,长骨干骺端的软骨次级骨化中心按一定的顺序和骨解剖部位有规律地出现。骨化中心的出现可反映长骨的生长成熟程度。通过X线检查不同年龄小儿长骨骨骺端骨化中心的出现时间、数目、形态变化,并将其标准化,即为骨龄。出生时腕部无骨化中心,1~9岁腕部骨化中心的数目约为其岁数加1。新生儿期已出现股骨远端及胫骨近端的骨化中心。因此,判断长骨的生长,婴儿早期可做膝部X线片,年长儿做左手腕部X线片。

二、牙齿发育

牙齿的发育与骨骼发育有一定的关系,发育速度并不平行。人一生有乳牙(20颗)和恒牙(28~32颗)共两副牙齿。生后4~10个月乳牙开始萌出,13个月后未出牙为乳牙萌出延迟。2岁以内乳牙的数目为月龄减4~6,3岁左右出齐,乳牙萌出顺序一般下颌先于上颌、自前向后。

6岁左右萌出第一颗恒牙即第一磨牙,长于第二乳磨牙之后,又称为6龄齿;6~12岁乳牙按萌出先后逐个被同位恒牙替换,12岁左右出第二磨牙;18岁以后萌出第三磨牙(智齿),但也有人终身不出此牙。

出牙为生理现象,但个别儿童可有低热、流涎、睡眠不安、烦躁等症状。牙的生长与蛋白质、钙、磷、氟、维生素A、维生素C、维生素D等营养素及甲状腺激素有关。食物的咀嚼有利于牙齿生长。

三、生殖系统发育

受下丘脑-垂体-性腺轴的调节,生殖系统至青春期前开始发育,主要表现为性器官迅速增长,出现第二性征。青春期开始和持续时间受多种因素的影响,个体差异较大。女孩在8岁以前,男孩在9岁以前出现第二性征,为性早熟。女孩14岁以后,男孩16岁以后无第二性征出现,为性发育延迟。

1. **女性生殖系统发育** 女性生殖系统发育包括女性生殖器官的形态、功能发育和第二性征发育。一般9~10岁时骨盆开始加宽,乳头发育,子宫逐渐增大;10~11岁乳房开始发育,阴毛出现;13岁左右乳房进一步增大,有较多阴毛、腋毛,出现初潮。月经初潮是性功能发育的主要标志,大多在乳房发育1年后或第二生长高峰后出现。

2. **男性生殖系统发育** 男性生殖系统发育包括男性生殖器官的形态、功能发育和第二性征发育。出生时睾丸大多已降至阴囊,少数未降者即为隐睾。雄激素的分泌促进第二性征的出现,通常10~11岁时睾丸、阴茎开始增大;12~13岁时开始出现阴毛;14~15岁时出现腋毛,声音变粗;16岁后长胡须,出现痤疮、喉结。睾丸和阴茎在外形上的变化及生殖系统的发育是青春期男孩最为关注的问题,应加强性知识教育和保健教育。

第四节 儿童神经心理发育

在儿童成长过程中,儿童神经心理的发育与体格生长具有同等重要的意义。神经心理发育包括感知、运动、语言、记忆、思维、情感、性格等方面。神经系统的发育,尤其是脑的发育是儿童神经心理发育的基础。神经心理的发育异常可能是某些系统疾病的早期表现,了解儿童心理发育规律对疾病的早期诊断很有帮助。

一、神经系统的发育

参见本书第十二章神经系统疾病患儿的护理。

二、感知的发育

1. **视感知发育** 新生儿已有视觉感应功能,瞳孔有对光反射,在清醒和安静状态下,可短暂注视和追随15~20 cm处缓慢移动的物体。出生第2个月起可协调地注视物体,开始有头眼协调;3~4个月时喜看自己的手,头眼协调较好;6~7个月时目光可随上下移动的物体垂直方向转动;8~9个月时开始出现视深度的感觉,能看到小物体;18个月时能区别各种形状,喜看图画;2岁可区别垂直线和横线;5岁时能区别颜色;4~5岁时视深度充分发育。

2. **听感知发育** 出生时鼓室无空气,听力较差;出生3~7 d后听力已相当良好;3~4个月时

笔记栏

头可转向声源,听到悦耳声时会微笑;6个月时能区别父母声音,唤其名有应答反应;7~9个月时能确定声源,区别语言的意义;1岁时听懂自己名字;2岁时能听懂简单吩咐;4岁时听觉发育逐渐成熟。听力障碍如在6个月内不能得到确诊和干预,可因聋致哑。

3. **味觉和嗅觉发育**　　出生时味觉和嗅觉发育已基本成熟。4~5个月的婴儿对食物味道的轻微改变已很敏感,故应适时添加各类转乳期食物;生后1~2周的新生儿已可辨别母亲和其他人的气味,3~4个月时能区别愉快和不愉快的气味,7~8个月开始对芳香气味有反应。

4. **皮肤感觉的发育**　　皮肤感觉包括触觉、痛觉、温度觉和深感觉等。触觉是引起某些反射的基础,新生儿眼、口周、手掌、足底等部位最为敏感,而前臂、大腿、躯干部触觉则较迟钝。新生儿已有痛觉,但较迟钝,第2个月起才逐渐改善。新生儿温度觉很灵敏,冷的刺激比热的刺激更能引起明显的反应。

5. **知觉的发育**　　知觉是人对事物各种属性的综合反映。知觉的发育与听、视、触等感觉发育密切相关。5~6个月已有手眼协调动作,3岁能辨上下,4岁能辨前后,5岁开始辨别以自身为中心的左右。

三、运动的发育、语言的发育及心理活动的发展

小儿神经精神发育进程见表2-3。

表2-3　小儿神经精神发育进程

年　龄	粗、细动作	语　言	适应周围人物的能力及行为
新生儿	无规律,不协调动作,紧握拳	能哭叫	铃声使全身活动减少
2个月	直立及俯卧位时能抬头	发出和谐的喉音	能微笑,有面部表情,眼能随物转动
3个月	仰卧位变为侧卧位;用手摸东西	咿呀发音	头可随看到的物品或听到的声音转动180°;注意自己的手
4个月	扶着髋部时能坐;可在俯卧位时用两手支撑抬起胸部;手能握持玩具	能笑出声音	抓面前的物体;自己玩手,见食物表示喜悦;较有意识地哭和笑
5个月	扶腋下能站得直;两手各握一玩具	能喃喃地发出单音词音节	伸手取物,能辨别人声,望镜中人笑
6个月	能独坐一会,用手摇玩具		能分熟人和陌生人;自拉衣服;自握足玩
7个月	会翻身,自己独坐很久;将玩具从一手换入另一手	能发"爸爸""妈妈"等复音,但无意识	能听懂自己的名字;自握饼干吃
8个月	会爬;会自己坐起来、躺下去;会扶着栏杆站起来;会拍手	重复大人所发简单音节	注意观察大人的行为;开始认识物体;两手会传递玩具
9个月	试着独立站;会从抽屉中取出玩具	能懂几个较复杂的词句,如"再见"等	看见熟人会伸手要抱;或与人合作游戏
10~11个月	能独站片刻;扶椅或推车能走几步;拇指、示指对指拿东西	开始用单词,一个单词表示很多意义	能模仿成人的动作;招手、"再见";抱奶瓶自食;粗细动作、语言、适应周围人物的能力与行为
12个月	独立行走;弯腰捡东西;会将圆圈套在木棍上	能叫出物品的名字,如灯;指出自己的手、眼	对人和事物有喜憎之分;穿衣能合作,用杯喝水
15个月	走得好;能蹲着玩;能叠一块方木	能说几个词和自己的名字	能表示同意、不同意
18个月	能爬台阶;有目标地扔皮球	能认识和指出身体各部分	能表示大小便;懂命令;会自己进食
2岁	能双脚跳;手的动作更准确;会用勺子吃饭	会说2~3个字组成的句子	能完成简单的动作,如拾起地上的物品;能表达喜、怒、怕、懂
3岁	能跑;会骑三轮车;会洗手、洗脸;脱、穿简单衣服	能说短歌谣,数几个数	能认识画上的东西;分清男、女;自称"我";表现自尊心、同情心、害羞
4岁	能爬梯子;会穿鞋	能唱歌	能画人像;初步思考问题;记忆力强,好发问
5岁	能单足跳;会系鞋带	开始认字	能分辨颜色;数10个数;知物品用途及性能
6~7岁	参加简单劳动,如扫地、擦桌子、剪纸、泥塑、结绳等	能讲故事,开始写字	能数几十个数;可简单加减;喜独立自主

第五节 儿童健康评估

一、健康史的采集

健康史可由患儿、家长、其他照顾者及有关医护人员的叙述获得。内容包括以下几点。

1. 一般情况　包括患儿姓名、性别、年龄、民族、入院日期、时间,患儿父母(抚养人)的姓名、年龄、职业、文化程度、家庭地址、联系电话等。记录患儿实际年龄,新生儿记录到天数甚至小时数,婴儿记录到月数,1岁以上记录到几岁几个月。

2. 主诉　为来院就诊的主要原因和发病时间。如"持续发热2天惊厥1次"。

3. 现病史　即来院诊治的主要原因及发病经过。包括发病时间、起病过程、主要症状、病情发展及严重程度、接受过何种处理等,还包括其他系统和全身的伴随症状,以及同时存在的疾病等。

4. 个人史　包括出生史、喂养史、生长发育史、生活史、免疫接种史,根据不同年龄和不同疾病在询问时各有侧重详略。

5. 既往史　包括既往一般健康状况、疾病史、预防接种史、食物或药物过敏史等。

6. 家族史　包括家族中是否有遗传性疾病;父母是否是近亲结婚,母亲妊娠史和分娩史;家庭其他成员的健康状况等。

7. 心理-社会状况　内容包括:患儿的性格特征;患儿及其家庭对住院的反应;患儿父母、监护人或抚养人的年龄、职业、文化程度等;父母与患儿的互动方式;家庭经济情况、居住环境等。

二、身体评估

1. 儿童体格检查的原则

(1) 开始检查时通过与患儿交谈、呼唤其名字或乳名,与之建立良好关系。

(2) 体检室光线充足,检查时尽量让患儿与亲人在一起。

(3) 体检顺序可根据患儿当时情况灵活掌握。但急诊时,首先检查重要生命体征和与疾病有关的部位。

(4) 检查尽可能迅速,动作轻柔,手法熟练。

(5) 检查前后洗手,注意保护隐私,尊重儿童的自主权。

2. 体格检查内容

(1) 观察患儿发育与营养状况、精神状态、面部表情、皮肤颜色、哭声、语言应答、活动能力、对周围事物反应、体位、行走姿势等,根据这些观察,可初步判断患儿的神志状况、发育营养、病情轻重、亲子关系等。

(2) 血压:根据患儿不同年龄选择不同宽度的袖带,宽度应为上臂长度的1/2～2/3。新生儿及小婴儿可用心电监护仪或简易潮红法测定。不同年龄的血压正常值可用公式推算:收缩压(mmHg)=80+(年龄×2),舒张压为收缩压的2/3。

(3) 呼吸和脉搏:各年龄阶段呼吸和脉搏正常值见表2-4。

(4) 一般除测量体温、呼吸、脉搏、血压外,患儿还应测量体重、身高、头围、胸围、前囟、坐高等。

表2-4　各年龄段呼吸和脉搏正常值

年　龄	呼吸(次/分)	脉搏(次/分)	呼吸∶脉搏
新生儿	40～45	120～140	1∶3
1岁以下	30～40	110～130	(1∶3)～(1∶4)

笔记栏

(续表)

年龄	呼吸(次/分)	脉搏(次/分)	呼吸：脉搏
1～3岁	25～30	100～120	(1∶3)～(1∶4)
4～7岁	20～25	80～100	1∶4
8～14岁	18～20	70～90	1∶4

案例分析

患儿，男，体重6 kg，身长62 cm，头围40 cm，前囟约1.5 cm×1.5 cm，未出牙，可以用手摸近处的东西，会注意到自己的手，看见人时会发"咿咿呀呀"的声音。

【问题】

该名患儿最可能的年龄是多大？

【分析与解答】

该名患儿大概年龄为3个月。男婴所测体重、身长、头围、前囟的数值反映其尚不足1岁。依据牙未出(生后4～10个月乳牙开始萌出)，可以用手摸近处的东西(3个月时，仰卧位变为侧卧位，可用手摸东西)，会注意到自己的手(3个月头可随看到的物品或听到的声音转动180°，注意自己的手)，看见人时会发出"咿咿呀呀"的声音(3个月可咿呀发音)。

知识拓展

早产儿宫外发育迟缓(EUGR)*

出院时生长发育计量指标在相应宫内生长速率期望值的第10百分位水平以下(≤生长曲线的第10百分位)既定义为EUGR。早产儿由于出生后过早离开母体，其营养供给及生长方式完全不同于宫内发育模式，出生早期能量营养素摄入明显不足，但早产儿能量代谢旺盛，因此代谢多处于负平衡状态，使其生后体重下降幅度加大，恢复出生体重时间延长，直接影响其生长速率。国内外文献报道，EUGR的发生率随着胎龄和出生体重的下降而上升，不仅关系到早产儿近期体格发育和并发症，还会影响远期的健康。与国外相比，我国早产儿出院时生长落后的问题更为突出。正确认识早产儿EUGR，关注早产儿的营养和健康，直接影响对早产儿的救治水平。

* 引自：① 尤黎明，吴瑛.内科护理学.5版.北京：人民卫生出版社，2014.② 肖旭文.早产儿宫外生长研究进展.国际儿科学杂志，2014，41(1)：9-11.

小 结

体格生长常用指标 { 形态指标：体重、身高(长)、坐高(顶臀长)、头围、胸围、上臂围、皮下脂肪
骨指标：颅骨、脊柱、长骨、牙齿

【思考题】

(1) 儿童生长发育的规律是什么？

(2) 儿童体格检查的原则是什么？

(3) 儿童前囟检查的意义是什么？

(4) 儿童健康史采集包括哪些?
(5) 儿童体格生长评价内容有哪些?

(刘艳林 钱 敏)

第三章

儿童保健

学习要点

- **掌握**：①各年龄期儿童的保健重点；②计划免疫、疫苗的定义，能识别主动免疫制剂和被动免疫制剂；③说出我国计划免疫程序的具体内容。
- **熟悉**：①预防接种的常见反应及注意事项；②常见儿童意外伤害发生的原因，并列出相应的预防措施。
- **了解**：不同年龄段儿童的玩具、游戏或体格锻炼的方法。

儿童保健是研究儿童生长发育规律及其影响因素，通过有效的措施保护和促进儿童身心健康及社会能力发展的一门学科。它是儿科学与预防医学的交叉学科，研究的主要内容包括：儿童的体格生长和社会心理发育、儿童营养、儿童健康促进和儿科疾病的预防及管理等。

第一节 各年龄期儿童特点及保健重点

一、胎儿期及围生期

胎儿的发育与孕妇的健康、营养状况、心理卫生、生活环境等密切相关。胎儿期保健应以孕妇的保健为重点，通过对孕妇的产前保健达到保护胎儿健康成长的目的。

1. 预防遗传性疾病与先天畸形　　婚前遗传咨询，禁止近亲结婚；妊娠早期进行 TORCH 感染（弓形虫、风疹病毒、巨细胞病毒、单纯疱疹病毒及其他病原体感染）血清学筛查；避免接触放射线和铅、苯、汞、有机磷农药等化学毒物；不吸烟和酗酒；患有严重心、肝、肾疾病及糖尿病、甲状腺功能亢进或减退、结核病等慢性疾病的育龄妇女及孕妇应在医生指导下确定是否适合妊娠及妊娠期用药；高危孕妇除定期产前检查外，应加强观察。一旦出现异常，及时就诊，必要时终止妊娠。

2. 保证充足营养　　保证各种营养物质的摄入，尤其是铁、锌、钙、维生素 D 等营养素的补充。胎儿早期要注意补充叶酸和碘，晚期要防止营养摄入过多致胎儿过大影响分娩和影响成年后的健康。

3. 给予孕妇良好的生活环境　　孕妇应注意生活规律，保持心情轻松、愉快，注意劳逸结合。

4. 避免妊娠期并发症　　预防流产、早产、异常产的发生，对高危孕妇应加强随访。

5. 加强对高危新生儿的监测　　对高危孕妇所分娩的新生儿及早产儿应予特殊监护和积极处理。

二、新生儿期

围生期的新生儿发病率和死亡率较高。婴儿死亡中约2/3是新生儿,而围生期的新生儿死亡数占新生儿死亡总人数的75%左右。故新生儿保健重点应放在围生期。

1. 出生时的护理　　新生儿娩出后应迅速清理口鼻腔黏液,保证呼吸道通畅;做好脐带的消毒与结扎;及时眼部用药并正确记录出生新生儿的Apgar评分、体温、呼吸、心率、体重与身长;正常新生儿半小时内早接触、早吸吮,高危新生儿转入新生儿重症监护室;所有新生儿都应进行先天性遗传代谢病筛查。

2. 新生儿居家保健　　有条件的家庭在冬季应使室内温度保持在22~24℃,湿度55%;提倡母乳喂养;母亲在哺乳和护理新生儿前应洗手;保持新生儿皮肤清洁,避免损伤。家长应多与新生儿进行眼神及语言交流,多与新生儿进行皮肤接触,促进父母与新生儿的情感连接及感知觉与智力发育。按时预防接种。新生儿出生2周后应遵医嘱口服维生素D,以预防佝偻病的发生。部分用药可通过乳汁分泌,如氨基糖苷类、异烟肼等。乳母应在医生指导下用药。

三、婴儿期

婴儿期的体格生长是出生后最迅速的,对能量和营养素尤其是蛋白质的需要量相对较多,而其消化和吸收功能尚未发育完善,故易出现消化功能紊乱和营养不良等疾病。部分母乳喂养或人工喂养儿应首选配方奶粉。6个月以上要及时添加换乳食品,为断奶作准备。定期进行体格检查,及时发现营养性疾病及发育异常并予以及时的干预和治疗。坚持户外活动,进行空气浴、日光浴和主、被动体操有利于体格生长。给予各种感知觉刺激,促进大脑发育。按计划免疫程序完成基础免疫。此期意外伤害主要是异物吸入及窒息。

四、幼儿期

幼儿生长发育速度较前减慢,但神经心理发育迅速,对周围环境产生好奇,乐于模仿。该时期应重视与幼儿的语言交流,通过讲故事、玩游戏、唱歌等促进幼儿语言发育与大运动能力的发展。培养幼儿的独立生活能力,安排规律的生活作息,养成良好的生活习惯。定期体格检查,注意口腔卫生。防止意外伤害,如异物吸入、烫伤、跌倒、中毒、电击伤等。

五、学龄前期

学龄前期是儿童性格形成的关键时期,此期儿童具有较大的可塑性,应加强早期教育,培养其良好的学习习惯和道德品质,发展其生活自理能力。应通过游戏、体育活动增强体质,在游戏中学习遵守规则和与人交往。每年进行体格检查,进行视力复查及龋齿、缺铁性贫血等常见病的筛查与矫治。此期意外伤害主要是溺水、外伤、误服药物及食物中毒。

六、学龄期与青春期

此期儿童求知欲强,是接受科学文化教育的重要时期,青春期是体格发育的第二个高峰期。提供适宜的学习环境,培养良好的学习习惯,加强素质教育。引导积极的体育锻炼增强儿童体质,培养毅力和意志力。合理安排生活,供给充足营养,注意用眼及口腔卫生。进行法制教育,学习交通规则。青春期应进行正确的性教育,使其了解基本的生理现象,并在心理上有正确的认识。

第二节 儿童保健的具体措施

一、护理

1. **居室要求** 阳光充足,通风良好,温湿度适宜。冬季室内温度保持在20~22℃,湿度55%~60%,哺乳期婴儿宜母婴同室,便于哺乳与照料。患病者不应进入儿童居室,尤其是新生儿、早产儿的居室。

2. **衣着** 应选择浅色、柔软的纯棉织物,宽松而少接缝,避免摩擦皮肤和便于穿、脱。新生儿衣着宽松,保持下肢屈曲的姿势,有利于髋关节的发育。婴儿最好穿连衣裤或背带裤,腰带不用松紧绳。新生儿衣物柜不可放置樟脑丸。

二、营养

充足而均衡的营养是保证儿童生长发育及健康的基础,及时对家长和相关育儿人员进行有关母乳喂养、婴儿期食物的转换、幼儿期正确的进食行为培养、学龄前及学龄期儿童的膳食安排等内容进行宣教与指导(参见本书第六章相关内容)。

三、儿童心理卫生

1. **习惯的培养** 培养良好的睡眠、进食、排便及卫生习惯。
2. **社会适应性的培养** 培养良好的社会适应能力是促进儿童健康成长的重要内容之一。① 独立能力:包括自行进食,控制大小便,独自睡觉,自己穿衣、鞋等。年长儿则应培养其独自分析问题、解决问题的能力。② 控制情绪:儿童情绪的控制能力及语言、思维的发展和早期教育有关。父母及照护者应及时应答儿童的需要,并按社会标准或予以满足,或加以约束,或预见性地处理问题,减少儿童产生消极行为的机会。③ 意志:在日常生活、游戏、学习中应该有意识地培养儿童克服困难的意志,增强他们自觉、坚持、果断和自制力。④ 社交能力:经常抚触孩子;讲话时与其有目光交流;常与孩子说话、讲故事、唱歌、做游戏。⑤ 创造能力:启发式地向儿童提问题,引导儿童自己去发现问题和探索问题。鼓励儿童参与各种形式的表演,自制小玩具等。
3. **父母和家庭对儿童心理健康的作用** 父母的教育方式和态度及与儿童的亲密程度对儿童个性的形成和社会适应能力的发展至关重要。要与儿童建立相依情感、对婴儿的咿呀学语及时作出应答,与他们有亲密接触,采取民主方式教育他们。

四、定期健康检查

1. **家庭访视** 社区卫生服务中心的妇幼保健人员在新生儿期家访2~3次。高危儿或者检查发现有异常者适当增加访视的次数。家访的目的在于早期发现问题,早期干预,从而降低新生儿疾病发生率或减轻疾病的严重程度。访视内容有:① 了解新生儿出生情况;② 回家后的生活状态;③ 预防接种情况;④ 进行喂养与护理指导;⑤ 测量体重;⑥ 体格检查;⑦ 指导及咨询。
2. **儿童保健门诊** 定期为婴儿做体格检查,进行生长发育监测。检查的内容包括:① 体格测量及评价,3岁后每年测视力、血压1次;② 全身各系统体格检查;③ 常见疾病的定期实验室检查与其他辅助检查,如营养不良、营养性缺铁性贫血等。检查的频率:6个月以内婴儿每月1次,7~12个月婴儿2~3个月1次,高危儿、体弱儿宜适当增加检查次数。生后第2年、第3年每6个月1次,3岁后每年1次。

五、体格锻炼

1. 户外活动　　一年四季均可进行,可增强儿童体温调节功能及对外界气温变化的适应能力,接受日光直接照射可预防佝偻病的发生。婴儿出生后应尽早户外活动,到人少、空气新鲜的地方。户外活动时间由每天1~2次,每次10~15 min,逐渐延长到1~2 h。年长儿除恶劣气候外,应多在户外玩耍。

2. 皮肤锻炼　　① 婴儿抚触:抚触可刺激皮肤,有益于循环、呼吸、消化、肢体肌肉的放松与活动,同时也是父母与婴儿之间最好的交流方式之一。抚触可以从新生儿期开始,一般在洗澡后进行,每天1~2次,每次10~15 min。② 温水浴:利用水的机械作用和水的温度刺激机体,使皮肤血管收缩或舒张,以促进机体的血液循环、新陈代谢及体温调节,有益于抵抗疾病,适用于婴儿。水温35~37℃,水量从婴儿半卧位时锁骨以下浸入水中为宜。每天1~2次,每次5 min。③ 擦浴:适用于7~8个月以上的婴儿。开始水温可为32~33℃,待婴儿适应后,每隔2~3天降1℃,婴儿水温可逐渐降至26℃,先将吸水性好而软硬适中的毛巾浸入水中,拧至半干,在婴儿四肢做向心性擦浴。擦毕再用干毛巾擦至皮肤微红。擦浴时室温不低于16℃。④ 淋浴:适用于2岁以上的儿童,是一种较强烈的锻炼,效果比擦浴好。每天1次,每次冲淋身体20~40 s,水温35~36℃,室温在18~20℃。淋浴时,儿童立于有少量温水的盆中,冲淋顺序为上肢、背部、胸部、下肢,不可冲淋头部。浴后用干毛巾擦至全身皮肤微红。⑤ 日光浴:日光中的紫外线能使皮肤中的7-脱氢胆固醇转变为维生素D,预防佝偻病的发生,日光中的红外线可促进皮肤中的血管扩张,促进血液循环。适用于1岁以上儿童。冬季选择中午,其他季节可在早晨或傍晚。最好在餐后1~1.5 h进行。每次不超过20~30 min。

3. 体育运动　　体操可促进肌肉、骨骼的生长,增强呼吸、循环功能,从而达到增强体质、预防疾病的目的。① 婴儿被动操:适合于2~6个月的婴儿,每日1~2次。婴儿完全在成人帮助下进行四肢伸屈运动。② 婴儿主动操:7~12个月的婴儿在成人的适当帮助下,可以进行爬、坐、仰卧起身、扶站、扶走、双手取物等动作。③ 幼儿体操:12~18个月幼儿,在成人的扶持下进行有节奏的活动。18个月至3岁的幼儿可配合音乐,做模仿操。④ 儿童体操:广播体操和健美操等适用于3~6岁的儿童,有益于肌肉骨骼的发育。⑤ 游戏、田径及球类:年长儿可利用器械进行锻炼,如木马、滑梯,还可以由老师组织各种田径活动、球类、舞蹈、跳绳等活动。托儿所及幼儿园可以组织小体育课,如扔沙包、滚球、丢手绢、立定跳远等。

第三节　意外伤害预防

1. 窒息与异物吸入　　窒息是3个月内婴儿较常见的意外事故。主要预防被褥、母亲的身体、吐出的奶液等造成窒息。较大儿童应防止进食时哭闹、嬉笑或将异物含入口中。

2. 中毒　　儿童常见的急性中毒包括食物、有毒动植物、药物、化学药品等。预防措施有:保证儿童食物的清洁和新鲜;勿随便食用自采的野生植物及野果;药物应放在儿童取不到的地方。

3. 外伤　　婴幼儿居室的窗户、楼梯、阳台、睡床等都应设有栏杆;热水瓶、热锅应放在儿童不能触及的地方;教育儿童不可随意玩火柴、打火机、煤气等危险物品;室内电器、电源应有安全装置。

4. 溺水与交通事故　　教育儿童不可去无安全措施的池塘、江河玩水或游泳。教育儿童遵守交通规则。

5. 教会孩子自救能力　　遇突发意外事故能拨打电话求助。

第四节 计划免疫

儿童计划免疫是根据免疫学原理、儿童免疫特点和传染病疫情的监测情况制定的免疫程序,是有计划、有目的地将生物制品接种到儿童体中,以提高儿童免疫力,从而达到预防、控制乃至消灭相应传染病的目的。预防接种是计划免疫的核心。

一、免疫方式及常用制剂

1. 主动免疫及常用制剂　　主动免疫是指给易感者接种特异性抗原,刺激机体产生特异性的免疫力。主动免疫制剂在接种后经过一定期限产生抗体,在持续1～5年后逐渐减少,故还要适时地加强免疫,以巩固免疫效果。主动免疫制剂统称为疫苗。按其生物性质可分为灭活疫苗、减毒活疫苗、类毒素疫苗、组分疫苗(亚单位疫苗)及基因工程疫苗。

2. 被动免疫及常用制剂　　未接受主动免疫的易感者在接触传染源后,被给予相应的抗体,而立即获得免疫力,称为被动免疫。抗体留在机体内的时间一般约3周,主要用于应急预防和治疗。被动免疫制剂包括特异性免疫球蛋白、抗毒素、抗血清。

二、免疫程序

目前,我国国家卫生和计划生育委员会要求,通过相应疫苗的接种,做好传染病的预防(表3-1)。根据流行地区和季节或家长的意愿,部分疫苗适龄儿童可选择性接种。

表3-1　儿童计划免疫程序

年　龄	接　种　疫　苗
出生	卡介苗(初种)、乙肝疫苗(第一针)
1个月	乙肝疫苗(第二针)
2个月	脊髓灰质炎三价混合疫苗(第一剂)
3个月	脊髓灰质炎三价混合疫苗(第二剂)、百白破混合制剂(第一针)
4个月	脊髓灰质炎三价混合疫苗(第三剂)、百白破混合制剂(第二针)
6个月	百白破混合制剂(第三针)、乙肝疫苗(第三针)、A群流脑疫苗(第一针)
8个月	麻疹疫苗(第一针)
9个月	A群流脑疫苗(第二针)
1岁	乙脑疫苗(初种)
1.5～2岁	百白破疫苗(加强)、脊髓灰质炎糖丸(部分加强)、乙脑疫苗(加强)、甲肝疫苗
3岁	A群流脑疫苗(第三针,也可用A+C群流脑疫苗)
4岁	脊髓灰质炎三价混合疫苗(加强)
6岁	麻疹疫苗(加强)、百白破混合制剂(加强)、乙脑疫苗(第三针)、A群流脑疫苗(第四针)

三、预防接种的常见反应及注意事项

1. 预防接种常见的反应　　① 卡介苗接种后2周左右可出现局部红肿,6～8周显现结核菌素试验阳性,8～12周后结痂。如出现化脓,形成小溃疡,腋下淋巴结肿大,可局部处理以防感染扩散,不可切开引流。② 脊髓灰质炎疫苗接种后,极少数婴儿可出现低热、腹泻,但能自愈。③ 百白破疫苗接种后,局部可出现红肿、疼痛,伴或不伴有低热、疲倦等,偶见过敏性皮疹、血管性水肿。若全身反应严重者,应及时就诊。④ 麻疹疫苗接种后,少数儿童可在6～11 d内出现一过性发热,产生轻微麻疹,可对症处理。

2. 预防接种注意事项　　① 接种室急救物品处于备用状态。② 婴幼儿不宜空腹进行接种。③ 了解儿童有无接种禁忌证。④ 接种活疫苗时,只用70%～75%乙醇消毒;抽吸后如有剩余药液放置不能超过2 h;接种后剩余活菌苗应烧毁。⑤ 2个月以上婴儿接种卡介苗前应做PPD试验,阴

笔记栏

性者才能接种。⑥ 脊髓灰质炎疫苗。冷开水送服,且服用1 h内禁热饮。⑦ 正在接受免疫抑制剂治疗的儿童,应推迟常规的预防接种,近一个月内注射过丙种球蛋白者,不能接种活疫苗。

第五节　新生儿疾病筛查

新生儿疾病筛查是指通过血液检查对某些遗传代谢性疾病及内分泌疾病进行群体筛查,使患儿得以早期诊断、早期治疗,避免因脑、肝、肾等损害导致生长、智力发育障碍甚至死亡。

1. 对象　　所有出生72 h(哺乳至少6~8次)的活产新生儿。

2. 内容　　筛查的种类依据种族、国家、地区而有所不同,还与各国的社会、科学技术的发展、经济水平及疾病危害程度有关。国际公认的筛查条件有:有一定的发病率;早期缺乏特殊症状;危害严重;可以治疗;有可靠的并适合大规模进行的筛查方法。我国目前筛查疾病仍以苯丙酮尿症(PKU)和先天性甲状腺功能减低症(CH)为主。

3. 采血部位及采血方法　　部位:选择新生儿足跟内侧或外侧。方法:按摩或热敷婴儿足跟,使其充血,乙醇消毒后用一次性采血针穿刺,深度2~4 mm,弃去第一滴血后将挤出的血滴在特定的滤纸上,使其充分渗透至滤纸背面。要求每个婴儿采集3个血斑,每个血斑直径8~10 mm。

4. 标本的保存与递送　　血滤纸片在室温下阴干,在规定时间内送达筛查中心,或暂时存放在2~10℃冰箱中保存。

早产儿视网膜病(ROP)*

ROP于1942年首次报道,因早产儿视网膜血管发育未成熟,在各种高危因素作用下,使发育未成熟的视网膜血管收缩、阻塞,视网膜血管发育停止,导致视网膜缺氧,继发血管生长因子大量产生,从而刺激新生血管形成,最终导致ROP。许多早产儿因发生ROP导致失明或严重视力障碍。早产低出生体重、基因差异及种族、吸氧、输血、代谢性酸中毒、呼吸暂停、感染、$PaCO_2$过低为ROP高危因素。国际上将以下患儿作为ROP筛查对象:① 出生体重<1 500 g或胎龄<32周的所有早产儿;② 出生体重在1 500~2 000 g或胎龄32~34周吸过氧或有严重并发症者。

* 引自:邵肖梅,叶鸿瑁,丘小汕.实用新生儿学.北京:人民卫生出版社,2011.

案例分析

婴儿,男,2个月。前一天由家人带去预防接种中心按儿童计划免疫程序接种疫苗,今日体温38℃(肛表),大便次数较前增多。

【问题】

(1) 根据儿童计划免疫程序,该婴儿接种的疫苗是什么?

(2) 如何与家长进行沟通?

【分析与解答】

(1) 按我国国家卫生和计划生育委员会儿童计划免疫程序,2个月的婴儿应接种脊髓灰质炎三价混合疫苗(第一剂)。

(2) 告知家长脊髓灰质炎疫苗接种后,极少数婴儿可出低热、恶心、呕吐、皮疹、腹泻,一般能自愈。若体温>38.5℃、拒食、精神差等应及时就诊。

笔记栏

小 结

儿童保健
- 护理
  - 阳光、温度、湿度
  - 衣着：棉质、宽松
- 营养
  - 母乳喂养
  - 辅食添加
  - 培养正确的进食行为
- 计划免疫：按时进行免疫接种
- 儿童心理卫生
  - 习惯的培养
  - 社会适应性的培养
  - 父母和家庭对儿童心理健康的影响
- 定期健康体检
  - 新生儿访视
  - 儿童保健门诊
- 体格锻炼
  - 户外活动
  - 皮肤锻炼
  - 体育运动

【思考题】

新生儿疾病筛查的内容及采血方法是什么？

(陈玉瑛　倪春梅)

第四章

住院儿童护理及家庭支持

学习要点

- **掌握**：① 一般测量及注意事项；② 儿童用药的特点、药物的选择和注意事项；③ 液体平衡的特点及补液方法，低钾血症临床表现与补钾原则；④ 常见护理技术操作方法。
- **熟悉**：① 药物剂量的计算方法；② 脱水程度及性质、酸碱平衡紊乱类型、临床表现与治疗要点。
- **了解**：① 儿童医疗机构的设置；② 各年龄段儿童对疾病的认识与反应，家庭对儿童住院的反应。

第一节 儿童医疗机构的设置和护理管理

我国儿童医疗机构分为3类：综合医院的儿科专科、妇幼保健院及儿童医院。配置与成人科类似，由于就诊对象的特殊性，场所的设置和管理应适应儿童心理生理特点，减少患儿的陌生感和恐惧感。儿科病房应提供适合各年龄儿童的床栏，厕所有门但不加锁，浴室设有防滑装置等，对各类紧急事件有应急预案。新生儿病房及NICU要设置门禁系统，还可引入射频识别技术，给新生儿佩戴RFIP手镯，防止患儿丢失，确保安全。做好声、光、温度、湿度控制（表4-1）。美国儿科学院（American Academy of Pediatrics，AAP）环境健康委员会建议NICU最安全的声音水平为45 dB以下。监护室为满足家长的探视需求可设置摄像器材，体现人文关怀。做好感染控制，工作人员应在操作前后洗手，落实各项消毒隔离措施，并加强患儿及家属的健康宣教。

表4-1 不同年龄患儿适宜的温、湿度

年　龄	室温（℃）	相对湿度（%）
早产儿	24～26	55～65
足月新生儿	22～24	55～65
婴幼儿	20～22	55～65
年长儿	18～20	50～60

第二节　住院患儿的心理护理及家庭护理

一、心理反应及护理

住院患儿的心理反应包括分离焦虑、失控感、对疼痛和侵入性操作的焦虑或恐惧、羞耻感和罪恶感。入院前应正确引导,避免其对住院和诊疗行为产生恐惧。防止或减少被分离的情况,有条件时,应鼓励父母和照顾者陪护。积极应对、缓解患儿失控感,提供一些自我决策的机会。积极地引导和发挥潜在的正性心理效应,提高患儿的自我管理能力。

二、评估及家庭护理

护理人员应评估各个家庭的需要,有针对性地进行干预。向父母做好各类入院宣教,讲解疾病的知识、用药目的等,倾听患儿父母的感受,提供力所能及的帮助,减轻父母内心的压力。鼓励父母探视患儿或陪护患儿,提醒家庭成员安排轮换陪护照顾患儿,且只有保持身体健康才能更好地帮助和支持患儿。

三、患儿临终关怀与家庭的情感支持

1. **住院患儿的临终关怀**　创造家庭式的环境氛围,给父母和亲人更多的时间和空间陪伴患儿,并允许父母更多地参与患儿的日常护理。采取各项措施缓解患儿的痛苦,满足患儿的生理与心理需要。

2. **对临终患儿父母的情感支持**　患儿临终前为其父母提供尽可能多的有用信息,指导父母通过语言及肢体接触与患儿交流。鼓励患儿父母参与制订护理计划,为患儿做一些力所能及的日常护理。正确理解患儿死亡后父母的心理反应,尊重患儿家庭的宗教文化习俗。给予父母充分的时间和空间与已故患儿作最后的告别,可进行最后的照顾。

第三节　与患儿及其家长的沟通

一、与患儿的沟通

恰当地使用语言和非语言沟通,采用适合患儿年龄和发育水平的沟通方式,平等尊重患儿。对年长儿,则应注意尊重患儿的想法和隐私。适当进行肢体的接触或游戏,使用开放式提问,耐心倾听。

二、与患儿家长的沟通

应积极热情,取得患儿家长的信任,建立良好的第一印象。尽量使用开放性问题鼓励家长交谈,并注意倾听、观察语言和非语言信息。理解患儿家长的心情,给予耐心细致的解释,恰当地处理冲突。

第四节 儿童疼痛管理

疼痛是一种主观体验,伴有一系列的生理变化及心理行为反应。年龄较小的患儿在经历疼痛时无法用语言表达,疼痛易被忽略、低估,疼痛缺乏有效的控制,儿科护士应与患儿父母和其他医务人员协作,帮助患儿控制疼痛。

一、儿童疼痛的评估

1. **各年龄阶段患儿对疼痛的表达方式和行为反应** 新生儿和婴幼儿在疼痛时可表现出持续的哭闹,哭声尖锐,面部有疼痛表情,拒绝他人安慰,9～12个月的婴儿会表现出抗拒行为。学龄前儿童能够描述疼痛的位置及程度,但不能对其感觉量化,为了避免注射和其他侵入性操作,甚至会否认疼痛,在预期的疼痛发生时,患儿会剧烈反抗,有攻击行为。学龄儿童能描述疼痛位置及程度,逐渐能量化疼痛的程度,患儿会为表现勇敢而忍受疼痛不予表达,甚至不期望他人发现其疼痛。青少年对疼痛的描述更熟练准确,能用社会所接受的方式来表现疼痛,但评估时应注意保护隐私。

2. **疼痛患儿的病史采集** 在评估疼痛的原因、部位、时间、性质、程度、伴随症状、影响因素和缓解措施后,还要注意评估患儿疼痛的表达方式和行为表现、既往疼痛的经历和行为表现,以及父母对疼痛的反应。对于年幼的患儿,大部分信息需要父母提供,护士应积极地与父母沟通,并鼓励其参与。

3. **儿童疼痛评估工具** 目前主要通过自我报告、行为观察法和生理学参数测定3种方式进行疼痛评估。年龄较小患儿常用的疼痛评估工具见表4-2;8岁以上的患儿,可以使用成人的疼痛评估工具,如视觉模拟评分法、数字等级评分法等。

表4-2 疼痛评估工具

评估工具	适用年龄	评估项目	适用范围
新生儿面部编码系统(neonatal facial coding system, VFCS)	早产和足月新生儿	皱眉、挤眼、鼻唇沟加深、张口、嘴垂直伸展、嘴水平伸展、舌呈杯状、下颌颤动、嘴呈"O"形、伸舌(只用于评估早产儿)	评估急性短期疼痛,如静脉穿刺
术后疼痛评分(crying, requires increased vital signs, expression, sleeplessness, CRIES)	32孕周以上的新生儿	哭泣、SpO_2达95%以上时对氧浓度的需求、心率和血压、表情、入睡情况	评估术后疼痛
FLACC量表(the face, legs, activity, cry, consolability scale)	2个月～7岁	表情、腿部动作、活动度、哭闹、可安慰性	评估术后疼痛
儿童疼痛观察评分标准(the pain observation scale for young children, POCIS)	1～4岁	表情、哭泣、呼吸、身体紧张程度、手臂和手指的紧张程度、腿和脚趾的紧张程度、觉醒程度	评估急性和慢性疼痛
脸谱疼痛量表(faces pain rating scale)	3～4岁	评估者向患儿描述疼痛程度与图片中脸谱的关系,患儿从中选择最能代表自己疼痛程度的脸谱(例如,0是没有任何疼痛,5是非常痛)	评估急性和慢性疼痛,特别适合急性疼痛
筹码片量表(poker chip scale)	3～4岁以上	筹码水平排列成一行,评估者向儿童说明:筹码的多少代表疼痛的程度(1个代表轻微疼痛,4个代表最痛),患儿选择筹码的数目	评估急性和慢性疼痛
修订版面部表情法(the faces pain scale-revised, FPS-R)	4～16岁	同脸谱疼痛量表	同脸谱疼痛量表

笔记栏

二、儿童疼痛的护理

1. 药物性干预　使用药物控制疼痛时,应按时评估和记录疼痛水平,监测可能的不良反应和患儿的各项指标,如呼吸频率、SpO_2和是否出现呕吐等,保证疼痛治疗的有效性和安全性。

(1) 根据医嘱给止痛药:很多用于成人的阿片类和非阿片类药物可以用于儿童疼痛的控制,但部分药物可能引起严重的不良反应。例如,阿司匹林可能引起瑞氏综合征(Reye syndrome),12岁以下患儿不能使用。儿童肝脏功能不成熟,应准确计算和配制药物,并注意观察药物的不良反应。

(2) 使用PCA镇痛:5岁以上患儿,如能合作,可采用PCA镇痛;5岁以下患儿或者不能合作的患儿,可由护士或家长控制镇痛,护士应注意严密观察,防止患儿出现过度镇静和呼吸抑制。

> **知识拓展**
>
> **患者自控式止痛法**
>
> 患者自控式止痛法(patient controlled analgesia, PCA)是指通过静脉输液泵,按医嘱设定持续或单次的止痛药物剂量及用药间隔,当患者感到疼痛时,轻压按钮即可实施给药。如果不符合设定的用药间隔,即使轻压按钮也不起作用。
>
> 目前,PCA已应用于术后疼痛,以及由创伤、癌症等引起的疼痛。大多数的止痛药如吗啡、芬太尼都可通过PCA应用。
>
> 5~6岁的儿童如能使用PCA,剂量必须由有资格的医务人员设定,以免出现过度镇静、呼吸抑制,甚至死亡的事件。

2. 非药物性干预　除药物镇痛外,非药物性干预也有很好的镇痛效果,可联合镇痛药物使用或单独使用。

(1) 分散注意力

1) 主动型:需要患儿参与。例如,新生儿在接受疼痛性操作时,采用非营养性吸吮的方法分散注意力;给幼儿和学龄前患儿提供新奇的玩具;学龄期患儿进行深呼吸,想象喜爱的事件、场景,唱歌和玩电子游戏;青春期患儿玩电子游戏等都有助于缓解疼痛。

> **知识拓展**
>
> **非营养性吸吮**
>
> 非营养性吸吮(non-nutritive sucking, NNS)是指婴儿口中仅放置安慰奶嘴让其进行吸吮动作,但并无母乳或者配方奶吸入。国内外多项研究证明NNS不但可以减轻疼痛,还能增加新生儿的体重,降低心率,改善呼吸和胃肠功能,减轻烦躁,减少能量消耗,提高氧饱和度,缩短住院时间。
>
> 实施时,一般于疼痛性操作前2~5 min将安慰奶嘴放入患儿口中,增加吸吮动作,操作过程中保持奶嘴在患儿口中,操作结束后5 min左右将奶嘴取下。

2) 被动型:家长或医务人员可以采取分散患儿注意力的行为。例如,用毯子将新生儿和婴儿包裹起来,或者让母亲将患儿贴在胸前,进行皮肤接触,给予抚触按摩;年龄较小的患儿可给予拥抱、摇晃和轻拍;幼儿和学龄前患儿可以给其唱歌、播放音乐或讲故事;青春期患儿可以指导其采取放松技巧等。

(2) 冷热疗法:热疗可以促进血液循环,放松肌肉;冷疗可以减轻水肿,缓解急性软组织损伤的疼痛。

(3) 蔗糖溶液或葡萄糖溶液:可用于新生儿镇痛。手术或疼痛性操作前2 min,口服12%~

24%蔗糖溶液 2 mL,早产儿根据孕周适当降低口服量,一般不低于 0.5 mL。超低出生体重儿及血糖水平不稳定的患儿须谨慎使用。

第五节　儿童用药特点及护理

儿童用药的八项权利

① 准确的药物;② 准确的患儿;③ 准确的时间;④ 准确的用药途径;⑤ 准确的剂量;⑥ 准确的记录;⑦ 受教育的权利;⑧ 拒绝的权利。

一、儿童用药特点

肝肾功能及某些酶系发育不完善,对药物的代谢及解毒功能较差;儿童血-脑脊液屏障不完善,药物容易到达神经中枢;易发生电解质紊乱;年龄不同,对药物反应不一,药物的毒副反应也有所差异;胎儿、乳儿可因母亲用药而受到影响。

二、儿童药物选用及护理

抗生素要注意药物的毒副反应,如鹅口疮、肠道菌群失调和消化功能紊乱等。发热时一般使用对乙酰氨基酚和布洛芬退热,但剂量不宜过大,可反复使用,注意观察患儿的体温和出汗情况,及时补充液体。一般不主张使用泻药和止泻药,多采用调整饮食和补充液体或松软大便等方法。一般不用镇咳药,多用祛痰药或雾化吸入稀释分泌物,配合体位引流排痰,使之易于咳出。应用平喘药时应注意观察有无精神兴奋、惊厥等,新生儿、婴儿应慎用茶碱类药物。常用的镇静药有苯巴比妥、地西泮、水合氯醛等,使用中应特别注意观察呼吸情况,防止呼吸抑制。婴儿不宜使用阿司匹林,以免发生 Reye 综合征。肾上腺皮质激素不可随意减量或停药,防止出现反弹现象,长期使用可抑制骨骼生长,影响水、电解质、蛋白质、脂肪代谢,降低机体免疫力,还可引起血压增高和库欣综合征,水痘患儿禁用,以免加重病情。

三、儿童药物剂量计算

1. **按体重计算**　是最常用、最基本的计算方法。患儿体重按实际测得值计算,如超过成人体重,则以成人量为限。每日(次)剂量=患儿体重(kg)×每日(次)每千克体重所需药量。

2. **按体表面积计算**　此法更加准确。儿童体表面积可按下列公式计算:

体重≤30 kg,儿童体表面积(m^2)=体重(kg)×0.035+0.1

体重>30 kg,儿童体表面积(m^2)=[体重(kg)−30]×0.02+1.05

每日(次)剂量=患儿体表面积(m^2)×每日(次)每平方米体表面积所需药量。

3. **按年龄计算**　此法简单易行,用于剂量幅度大、不需十分精确的药物,如营养类药物。

四、儿童给药方法

1. **口服法**　最常用的给药方法,尽量采用口服给药。婴儿可用滴管、喂药器或小药匙给药。婴儿喂药应在喂奶前或两次喂奶间进行,喂药时应抱起婴儿或抬高其头部,以防呛咳。必要时予鼻饲。

2. **注射法**　奏效快,但对儿童刺激大,非病情必须不宜采用。肌肉注射常用部位有股外

侧肌、腹臀肌、背臀肌及上臂三角肌。股外侧肌是年龄小于2岁患儿首选部位，腹臀肌是2岁至学龄期儿童首选部位，背臀肌建议5岁以上的患儿才考虑作为注射部位，上臂三角肌适用于3岁以上儿童作为小剂量药物注射的部位，如疫苗接种。对不合作、哭闹挣扎的婴幼儿，可采取进针、注药及拔针"三快"的注射技术。静脉推注多用于抢救，根据药物性质决定推注速度。静脉滴注不仅用于给药，还可补充水分及营养、供给能量等，滴速应根据患儿年龄、病情及药物性质进行调节。

3. 外用法　　以软膏为多，也可用水剂、混悬剂、粉剂、膏剂等。根据不同的用药部位，可对患儿的手进行适当约束，以免因患儿抓、摸使药物误入眼、口而发生意外。

4. 其他方法　　雾化吸入较常应用，但需有人在旁照顾。灌肠给药采用不多，可用缓释栓剂。含剂、漱剂在婴幼儿使用不便，年长儿可用。

第六节　儿童体液平衡特点及液体疗法

体液平衡包括维持水、电解质、酸碱度和渗透压的正常，主要依赖于神经、内分泌系统，以及肺、肾等器官的正常调节功能。儿童由于体液占体重比例较大、器官功能发育尚未成熟、体液平衡调节功能差等生理特点，极易受疾病和外界环境的影响而发生体液平衡失调，如处理不当或不及时，可危及生命。

一、儿童体液平衡特点

体液包括细胞内液和细胞外液，细胞外液由血浆和间质液组成。年龄越小，体液总量相对越多，主要是间质液比例较高，血浆和细胞内液的比例基本稳定。细胞内液与细胞外液的电解质组成差别显著，细胞内液以 K^+、Ca^{2+}、Mg^{2+}、HPO_4^{2-} 和蛋白质为主；细胞外液以 Na^+、Cl^- 和 HCO_3^- 为主，其中 Na^+ 含量占该区阳离子总量的90%以上，对维持细胞外液的渗透压起主要作用，临床上通过测定血钠来估算血浆渗透压。水代谢的特点如下。

1. 水的需要量相对较大，交换率高　　儿童年龄越小，水的需要量相对越大（表4-3），不显性失水相对越多，对缺水的耐受力也越差，容易出现脱水。

表4-3　儿童每日水的需要量

年龄（岁）	需水量（mL/kg）	年龄（岁）	需水量（mL/kg）
<1	120～160	4～9	70～110
1～3	100～140	10～14	50～90

2. 体液调节功能不成熟　　儿童肾浓缩功能差，肾稀释功能相对较好，体液调节功能较差，因此易出现水、电解质代谢紊乱。由于儿童肾脏排钠、排酸、产氨能力差，因而也容易发生高钠血症和酸中毒。

二、水、电解质和酸碱平衡紊乱

1. 脱水　　脱水是指水分摄入不足或丢失过多所引起的体液总量尤其是细胞外液量的减少。除失水外，尚有钠、钾等电解质的丢失。

（1）脱水性质：指体液渗透压的改变，反映水和电解质的相对丢失量。根据血清钠的水平将脱水分为等渗、低渗、高渗性脱水3种（表4-4）。临床以等渗性脱水最常见，其次为低渗性脱水，高渗性脱水少见。

表 4-4 不同性质脱水的鉴别要点

	等 渗 性	低 渗 性	高 渗 性
主要原因	呕吐、腹泻	营养不良伴慢性腹泻	腹泻时补含钠液过多
水、电解质丢失比例	成比例丢失	电解质＞水	水＞电解质
血钠(mmol/L)	130～150	＜130	＞150
渗透压(mmol/L)	280～310	＜280	＞310
主要丧失液区	细胞外液	细胞外液	细胞内脱水
临床表现	一般脱水征	脱水征＋循环衰竭	口渴、烦躁、高热、惊厥

（2）脱水程度：指患病以来累积的体液损失量，以丢失液体量占体重的百分比表示。但临床实践中常根据病史和临床表现综合估计，将脱水分为轻、中、重三度。等渗性脱水的临床表现及分度见表 4-5。

表 4-5 等渗性脱水的临床表现及分度

	轻 度	中 度	重 度
失水占体重比例 (mL/kg)	＜5% (30～50)	5%～10% (50～100)	＞10% (100～120)
心率增快	无	有	有
脉搏	可触及	可触及(减弱)	明显减弱
血压	正常	直立性低血压	低血压
皮肤灌注	正常	正常	减少，出现花纹
皮肤弹性	正常	轻度降低	降低
前囟	正常	轻度凹陷	凹陷
黏膜	湿润	干燥	非常干燥
眼泪	有	有或无	无
呼吸	正常	深，也可快	深和快
尿量	正常	少尿	无尿或严重少尿

2. 酸碱平衡紊乱　　正常血液 pH 为 7.35～7.45。由于代谢因素引起者称为代谢性酸中毒或碱中毒，由肺部排出 CO_2 减少或过多引起者称为呼吸性酸中毒或碱中毒。

（1）代谢性酸中毒：是儿童最常见的酸碱平衡紊乱类型，主要是由于细胞外液中 H^+ 增加或 HCO_3^- 丢失所致。可出现精神萎靡、嗜睡或烦躁不安，呼吸深长，口唇呈樱桃红色等典型症状；重度酸中毒表现为恶心、呕吐，呼气有酮味，心率加快，昏睡或昏迷。新生儿及小婴儿则表现为面色苍白、拒食、精神萎靡等，而呼吸改变并不典型。治疗主要是治疗原发病。经对症治疗后仍有酸中毒症状者，应补充碱性药物。一般主张 pH＜7.3 时用碱性药物，首选 5% 碳酸氢钠，加 5% 或 10% 葡萄糖液稀释 3.5 倍成等张液体(1.4% 碳酸氢钠)，在抢救重度酸中毒时可不稀释而直接静脉注射，但不宜过多使用。如病情危重先给予 5% 碳酸氢钠 5 mL/kg。

（2）代谢性碱中毒：是由体内 H^+ 丢失或 HCO_3^- 蓄积所致。典型表现为呼吸慢而浅、头痛、烦躁、手足麻木、低钾血症，血清游离钙降低而导致手足抽搐。治疗要点为去除病因，停用碱性药物，纠正水、电解质失衡。

（3）呼吸性酸中毒：因通气障碍致体内 CO_2 潴留和 H_2CO_3 增高而引起。常伴有低氧血症和呼吸困难。高碳酸血症可引起血管扩张，颅内出血、颅内血流增加，致头痛及颅内压增高。主要治疗原发病，改善通气和换气功能，解除呼吸道阻塞。镇静剂可抑制呼吸，一般禁用。

（4）呼吸性碱中毒：因通气过度致体内 CO_2 过度减少，H_2CO_3 下降而引起。典型表现为呼吸深快，其他症状与代谢性碱中毒相似。去除病因，碱中毒可随呼吸改善而逐渐恢复。

（5）混合性酸碱平衡紊乱：当有两种或以上的酸碱紊乱分别作用于呼吸或代谢系统时称为混合性酸碱平衡紊乱。治疗应积极去除病因，同时保持呼吸道通畅，必要时使用呼吸机加速潴留

CO_2 的排出。

3. 钾代谢异常　人体内钾主要存在于细胞内,正常血清钾浓度为 3.5~5.5 mmol/L。当血清钾低于 3.5 mmol/L 时为低钾血症;血清钾高于 5.5 mmol/L 时为高钾血症。

(1) 低钾血症:临床上较为多见。因摄入不足、丢失增加、钾分布异常等导致。主要表现:① 神经、肌肉兴奋性降低:如精神萎靡、反应低下、全身无力(弛缓性瘫痪、呼吸肌无力)、腱反射减弱或消失、腹胀、肠鸣音减弱或消失。② 心脏损害:如心率增快、心肌收缩无力、心音低钝、血压降低、心脏扩大、心律失常、心衰、猝死等。心电图显示 S-T 段下降、T 波低平、Q-T 间期延长、出现 U 波、室上性或室性心动过速、室颤,亦可发生心动过缓和房室传导阻滞、阿-斯综合征等。③ 肾脏损害:浓缩功能减低,出现多尿、夜尿、口渴、多饮等,发生低钾、低氯性碱中毒时伴反常性酸性尿。主要治疗原发病和补充钾盐。氯化钾一般每天 3~4 mmol/kg(220~300 mg/kg),重者每天 4~6 mmol/kg(300~450 mg/kg)。补钾常用静脉输入,但如患儿情况许可,口服缓慢补钾更安全;静脉点滴时液体中钾的浓度不能超过 0.3%,静脉滴注时间不应短于 8 h,切忌静脉推注,以免发生心肌抑制而导致死亡。原则为见尿补钾,一般补钾需持续 4~6 d,能经口进食时,应将静脉补钾改为口服补钾。补钾时应监测血清钾水平,有条件时给予心电监护。

(2) 高钾血症:因摄入过多、排钾减少、钾分布异常等导致。主要表现神经、肌肉兴奋性降低;心脏损害;消化系统症状等。积极治疗原发病,停用含钾药物和食物,供应足够的能量以防止内源性蛋白质分解释放钾,同时用药拮抗高钾,碱化细胞外液,促进蛋白质和糖原合成加速排钾,注意监测心电图。病情严重者可采用阳离子交换树脂、腹膜透析或血液透析。

4. 低钙、低镁血症　表现为手足抽搐、惊厥,若经静脉缓注 10% 葡萄糖酸钙后症状仍不见好转时,应考虑有低镁血症,应深部肌内注射 25% 硫酸镁。

三、液体疗法

1. 常用溶液

(1) 非电解质溶液:主要用以补充水分和部分热量,常用 5% 和 10% 葡萄糖液,5% 葡萄糖液为等渗液。

(2) 电解质溶液:主要用于补充损失的液体和所需的电解质,纠正体液的渗透压和酸碱平衡失调。

1) 生理盐水(0.9% 氯化钠溶液)和复方氯化钠溶液:均为等渗液。临床常以 2 份生理盐水和 1 份 1.4% 碳酸氢钠混合,使其钠与氯之比与血浆中钠与氯之比相近。

2) 碱性溶液:用于快速纠正酸中毒。① 碳酸氢钠溶液:1.4% 碳酸氢钠为等渗液;② 乳酸钠溶液:在肝功能不全、缺氧、休克、新生儿期及乳酸潴留性酸中毒时不宜使用。1.87% 乳酸钠为等渗液。

3) 氯化钾溶液:用于纠正低钾血症,常用 10% 氯化钾溶液。

(3) 混合溶液:临床常将几种溶液按一定比例配成不同的混合液,以满足患儿不同病情时输液的需要。常用混合液的配制见表 4-6。

表 4-6　几种常用混合溶液的简便配制

混合溶液	含　义	张力	5%或10%葡萄糖(mL)	10%氯化钠(mL)	5%碳酸氢钠(11.2%乳酸钠)(mL)
2:1 含钠液	2份①,1份②	1	加至500	30	47(50)
1:1 含钠液	1份①,1份②	1/2	加至500	20	—
1:2 含钠液	1份①,2份②	1/3	加至500	15	—
1:4 含钠液	1份①,4份②	1/5	加至500	10	—
2:3:1 含钠液	2份①,3份②,1份③或④	1/2	加至500	15	24(15)
4:3:2 含钠液	4份①,3份②,2份③或④	2/3	加至500	20	33(20)

注:① 0.9% 氯化钠溶液;② 5% 或 10% 葡萄糖溶液;③ 1.4% 碳酸氢钠;④ 1.87% 乳酸钠,为方便配制,加入液体量均为整数,配成的近似的溶液。

(4) 口服补液盐(ORS)：适用于轻度或中度脱水无严重呕吐者,补充继续损失量和生理需要量时适当稀释。

2. 液体疗法　补液时应确定补液的总量、性质和速度,同时应遵循"先盐后糖、先浓后淡、先快后慢、见尿补钾、抽搐补钙"的补液原则。第一天补液总量应包括累计损失量、继续损失量及生理需要量3个部分(表4-7)。对伴有周围循环不良和休克的重度脱水患儿,应快速输入等渗含钠液(2:1液或生理盐水),按20 mL/kg,总量不超过300 mL,于30~60 min内静脉推注或快速滴入。其余累积损失量常在8~12 h内完成,每小时8~10 mL/kg。第1天的补液总量为：轻度脱水90~120 mL/kg,中度脱水120~150 mL/kg,重度脱水150~180 mL/kg。第2天以后的补液,一般只补继续损失量和生理需要量,于12~24 h内均匀输入,尽量口服。

表4-7　液体疗法的定量、定性与定时

		累计损失量	继续损失量	生理需要量	
定量	轻度脱水 中度脱水 *重度脱水	30~50 mL/kg 50~100 mL/kg 100~150 mL/kg	10~40 mL/kg (30 mL/kg)	0~10 kg 11~20 kg >20 kg	100 mL/(kg·d) 1 000 mL+超过10 kg体重数×50 mL/(kg·d) 1 500 mL+超过20 kg体重数×20 mL/(kg·d)
定性	低渗性脱水 等渗性脱水 高渗性脱水	2/3张 1/2张 1/5~1/3张	1/3~1/2张	1/5~1/4张	
定时		于8~12 h内输入 8~10 mL/(kg·h)	在补完累计损失量后的12~16 h内输入5 mL/(kg·h)		

*注：重度脱水时应先扩容。

3. 补液护理

(1) 补液前应全面了解患儿的病史、病情、补液目的。向家长及年长患儿解释补液目的,以取得配合。

(2) 按医嘱要求全面安排24 h的液体总量,并遵循"补液原则"分期分批输入。严格掌握输液速度,明确每小时输入量,防止输液速度过快或过缓。记录24 h出入量。

(3) 密切观察病情变化,观察生命体征及一般情况,观察脱水及尿量情况,纠正酸中毒、低血钾表现,是否有输液反应,静脉点滴是否通畅,比较输液前后的变化,判断输液效果。

第七节　儿科常用护理技术

一、婴儿沐浴法

婴儿沐浴法

目　　的	保持婴儿皮肤清洁、舒适,协助皮肤排泄和散热
评　　估	婴儿身体情况、皮肤状况、环境温度
准　　备	物品：浴盆、水温计、热水、婴儿浴液、婴儿洗发液、大小毛巾、婴儿尿布及衣服、包被、棉签、碘伏、护臀霜或鞣酸软膏、磅秤、弯盘、指甲剪等 环境：安静、整洁、安全,关闭门窗,调节室温至26~28℃ 护理人员：洗手、修剪指甲、去除手表
操作步骤	1. 操作台上按使用顺序备好浴巾、衣服、尿布、包被等 2. 水温37~39℃。用于降温时,水温低于体温1℃,备时,水温稍高2~3℃ 3. 以左前臂托住婴儿背部,左手掌托住头颈部,拇指与中指分别将婴儿双耳郭折前按住,防止水流入造成内耳感染,左臂及腋下夹住婴儿臀部及下肢 4. 用小毛巾擦洗婴儿双眼,方向由内眦向外眦；接着擦洗面部,注意洗耳后皮肤皱褶处 5. 洗浴顺序：颈下→胸→腹→腋下→上肢→手→会阴→下肢 6. 迅速用大毛巾包裹全身并将水分吸干

笔记栏

	(续表)
操作步骤	7. 脐带未脱落按常规进行护理 8. 包好尿布,穿衣,核对手腕带和床号,放回婴儿床 9. 清理用物,洗手
注意事项	1. 沐浴应在婴儿进食前或进食后1h进行 2. 减少暴露时间,动作轻快 3. 沐浴过程中观察新生儿反应

二、约束保护法

目 的	限制患儿活动,保护躁动不安的患儿以免发生意外
评 估	评估患儿病情、约束的目的,向家长做好解释工作
准 备	1. 全身约束:方便包裹患儿的物品皆可,如毯子、大毛巾、包被等,根据需要可备绷带 2. 手足约束:棉垫、绷带或手足约束带
操作步骤	1. 全身约束法 (1) 将毯子折叠,宽度相当于患儿肩至踝,长度稍长,能包裹患儿两圈半左右 (2) 将患儿平卧于毯子上,用一侧的毯子从肩部绕过前胸紧紧包裹患儿身体,至对侧腋窝处掖于身下;再用另一侧毯子绕过前胸包裹身体,将毯子剩余部分塞于身下 (3) 如患儿躁动明显,可用绷带系于毯子外 2. 手足约束法 (1) 绷带及棉垫法:用棉垫包裹手足,将绷带打成双套结,套在棉垫外拉紧,系于床缘 (2) 约束带法:约束带横、竖棉布带呈"T"形缝制。约束时将患儿手足置于约束带横带中间,两端绕手腕或踝部系好,将竖带尾端系于床缘
注意事项	1. 使用约束应具有必要性,并注意向患儿和家长解释,做好相应记录 2. 松紧应适宜,使肢体不能脱出,但不影响血液循环,定时观察患儿的肢端循环和局部皮肤状况

约束保护法

三、静脉留置管术

目 的	保持静脉通道通畅,便于抢救、给药等
评 估	评估患儿身体和用药情况,观察穿刺部位皮肤和静脉情况
准 备	物品:治疗盘、输液器、液体及药物,根据患儿年龄及血管状况准备相应规格的静脉留置针、透明敷贴、消毒液、棉签、弯盘、胶布、治疗巾,根据需要准备剃刀、肥皂、纱布、固定物 环境:整洁、宽敞、安全、温度适宜 护理人员:操作前洗手、戴口罩
操作步骤	1. 携配制好的药液及用物至床旁,核对患儿、药液,挂上输液袋,备好留置针,排尽空气,备好胶布 2. 选择静脉,铺治疗巾于穿刺部位下,扎止血带,消毒皮肤,再次核对 3. 留置针与皮肤呈15°~30°刺入血管,见回血后再进入少许,将针尖退入套管内,将套管送入血管,松开止血带,撤出针芯,透明敷贴呈"Ω"形无张力妥善固定,注明置管时间,连接输液装置 4. 调节滴速,再次核对,记录输液卡,向患儿和家长宣教药物、留置针及输液注意事项 5. 清理用物,洗手,记录
注意事项	1. 选择粗直、弹性好、易于固定的静脉,避开关节和静脉瓣 2. 在满足治疗前提下选用最小型号、最短的留置针 3. 用药结束后应正压封管,敷贴如有潮湿、渗血、卷边应及时更换,发生留置针相关并发症,应拔管

静脉留置管术

四、全静脉营养

全静脉营养又称全胃肠道外营养(TPN),是指消化道完全不能摄入营养物质,机体代谢和生长发育所需的液体、热量、矿物质和维生素等全部由静脉输入供给。适应证包括:早产儿,各种消化道疾病,不能吞咽或吞咽困难等。全静脉营养液可经周围静脉和中心静脉输注。可采用多瓶输注或全合一(all-in-one)形式输入,配制方法如下:① 多瓶输注,将水溶性维生素、矿物质、微量元素加入氨基酸和(或)葡萄糖溶液中,脂溶性维生素加入脂肪乳中;② 全合一,需在层流室或超净台内配制,同多瓶输注,然后将葡萄糖液和氨基酸加入全合一袋中充分混合,再将脂肪乳加入,混匀后备用。

笔记栏

目 的	满足机体代谢和生长发育的营养需要
评 估	患儿一般情况、疾病情况、营养状况及静脉条件
准 备	静脉营养液:成分包括水、氨基酸、糖、脂肪、维生素、矿物质元素等 物品:消毒液、棉签、纱布、弯盘、胶布,根据需要备静脉输液泵等 环境:整洁、宽敞、安全、温度适宜 护理人员:操作前洗手、戴口罩
操作步骤	1. 携用物至床旁,核对患儿,将营养液挂于输液架上,排尽空气 2. 根据患儿情况选择外周静脉输入或中心静脉输入,按操作规程穿刺 3. 再次核对后连接外周或中心静脉管道: 　(1) 多瓶输注,可以用"Y"形管或三通管将葡萄糖液或氨基酸液与脂肪乳体外连接后同时输注,也可分瓶按顺序输注 　(2) 全合一输注,将管道直接与静脉通道连接即可 4. 调整滴速,为了保证肠外营养效果,营养液应缓慢、匀速输入,根据输入量精确计算每分钟的滴速,也可使用输液泵控制速度,新生儿可使用微量泵控制速度 5. 再次核对,签字并交代患儿家长注意事项 6. 清理用物,洗手,记录
注意事项	1. 现配现用,不可加入其他药物,不得使用"Y"形管或三通管同时输注其他药物 2. 输液导管连接处消毒后用无菌纱布覆盖包裹,保持清洁干燥,及时发现并处理导管相关的并发症 3. 注意观察和监测患儿体重、尿量、心率、呼吸、中心静脉压、血糖等,监测静脉营养效果和不良反应

五、股静脉穿刺法

股静脉穿刺法

目 的	采集血标本
评 估	患儿身体、检查项目和穿刺部位皮肤情况
准 备	物品:治疗盘、注射器、消毒液、棉签、采血管、弯盘 环境:整洁、宽敞、安全、温度适宜 护理人员:操作前洗手、戴口罩
操作步骤	1. 携用物至床旁,核对,协助患儿取仰卧位,固定大腿外展成蛙形,暴露腹股沟穿刺部位,遮盖会阴部 2. 消毒患儿穿刺部位及护理人员左手示指 3. 在患儿腹股沟中、内1/3交界处,以左手示指触及股动脉搏动处,右手持注射器于股动脉搏动点内侧0.3~0.5 cm垂直穿刺(或腹股沟内侧1~3 cm处与皮肤呈45°斜刺),边向上提针边抽回血,见回血后固定针头,抽取所需血量 4. 拔针,压迫穿刺点5 min止血 5. 再次核对,将血液沿采血管壁缓慢注入 6. 清理用物,洗手,记录
注意事项	患儿有出血倾向或穿刺误入股动脉,应延长加压时间

六、经外周静脉导入中心静脉置管术

经外周静脉导入中心静脉置管术(peripherally inserted central catheter,PICC)是指经外周静脉置入中心静脉导管。置管成功率高、操作简单,广泛应用于极低早产儿护理治疗中。

PICC操作

目 的	导管在体内可以长时间(数周或数月)放置,提供长时间静脉给药的管道;避免重复穿刺静脉;减少药物对外周静脉的刺激
评 估	患儿的病情、生命体征、意识状况、家长对外周置中心导管(PICC)的认识程度及患儿外周血管条件、出凝血时间、CRP、有无血栓史
准 备	物品:PICC穿刺包、10 mL注射器×2、敷贴、无粉手套、口罩、帽子、无针输液接头、维护包、生理盐水、淡肝素(0~10 U/mL)、碘伏、乙醇、无菌手术衣、无菌治疗巾、PICC记录单 环境:环境清洁、明亮,紫外线消毒30 min 护理人员:七步洗手,仪表端庄、衣帽整齐,戴好口罩
操作步骤	1. 与患儿家长签署知情同意书 2. 备齐用物至患儿床旁,核对患儿 3. 患儿置诊疗床上,协助患儿取平卧位 4. 选择穿刺部位:首选贵要静脉,次选肘正中静脉,最后选择头静脉

笔记栏

(续表)

操作步骤	5. 手臂外展呈 90° 6. 在患儿肘横纹上方 3 cm,测量患儿双侧臂围以备参考 7. 测量导管置入长度,从预穿刺点沿静脉走向至右胸锁关节,记录测量数据 8. 打开 PICC 穿刺包,穿无菌手术衣,戴无菌手套。按顺序摆放物品 9. 以穿刺点为中心分别用乙醇、碘伏棉球以顺时针、逆时针、顺时针方向螺旋状消毒,范围为腋部至手指末梢 10. 在患儿臂下铺无菌治疗巾,摆放无菌止血带 11. 更换无菌手套。助手以无菌原则递送无菌物品,打开生理盐水,倒于无菌治疗碗中,余液协助穿刺者冲洗手套,用无菌纱布擦干 12. 打开 PICC 穿刺套件,按序摆放好物品,用预计置管长度,用无菌剪刀垂直剪断导管,并检查导管断端是否平整 13. 抽吸生理盐水预冲导管内部,注意观察导管的完整性,使导管外部浸泡于生理盐水中,预冲正压接头、穿刺针备用 14. 扎止血带,协助患儿头偏向一侧,铺孔巾暴露穿刺部位,使患儿手臂完全置于无菌治疗巾下 15. 取纱布放于穿刺部位,穿刺针从预定穿刺点穿刺,进针角度为 15°~20°,见回血,减小进针角度后推进 1~2 mm,固定针芯,推进外插管鞘少许,松开止血带,左手按压远端血管,右手撤出针芯 16. 以左手固定插管鞘,无菌纱布移至插管鞘下,右手将导管沿插管鞘匀速、缓慢地置入,当导管到达肩部时,协助患儿将头转向穿刺侧,下颌靠近胸部,将导管置入到预计长度 17. 用 10 mL 生理盐水注射器抽回血,在透明延长管处看到回血即可,用无菌生理盐水脉冲式冲管,连接正压接头 18. 撕开插管鞘,移去可撕裂管套时注意保持导管的位置 19. 撤孔巾 20. 用生理盐水纱布擦拭穿刺点及周围皮肤血迹,小无纺布放置在穿刺点上,将体外导管放置呈弧形 21. 胶布固定圆盘,透明敷贴无张力粘贴并完全覆盖延长管 22. 脱手套,胶布以横向、交叉、横向固定延长管,粘贴标识 23. 整理用物,协助患儿活动手臂以适应导管的存在,整理床单元 24. 填写 PICC 置管记录 25. 患儿拍 X 线片确认导管位置 26. 终末处理 27. 洗手、记录
注意事项	1. 体外测量长度不可能与体内静脉解剖完全一致 2. 当导管在推进过程中遇有阻力时,可冲生理盐水或活动患儿穿刺侧手臂,使导管末端漂浮起来,易于推进,禁止用暴力 3. 固定导管时,应将体外导管弧形摆放,避免在肘关节活动时体外导管反复打折引起磨损 4. 定期检查导管位置、导管头部定位、流通性能及固定情况 5. 禁止用高压注射泵经 PICC 推注造影剂(耐高压导管除外) 6. 使用和维护导管的过程中,勿使用小于 10 mL 的注射器 7. 术后 24 h 内更换贴膜,并观察局部出血情况 8. 治疗间歇期每周对 PICC 导管进行冲洗,更换贴膜、肝素帽等 9. 患儿置入 PICC 导管侧手臂避免浸泡于水中 10. 注意患儿穿刺点周围有无红、肿、痛、渗出,如有异常应及时处理

七、暖箱使用法

目 的	为新生儿创造一个温度和湿度均适宜的生活环境,以保持患儿体温的恒定
评 估	患儿出生体重、胎龄、日龄、生命体征
准 备	护理人员:洗手,戴口罩 物品:婴儿暖箱、绒毯、蒸馏水
操作步骤	1. 检查温箱,温箱水槽内加入蒸馏水 2. 接通电源,预热箱温,达到所需的温湿度。一般温箱的温度应根据患儿体重及出生日龄而定(表 4-8),维持在适中温度,暖箱的湿度一般为 60%~80% 3. 核对患儿,入箱患儿宜裸体或穿单衣并包好尿布 4. 在最初 2 h,应 30~60 min 测量体温 1 次,体温稳定后,1~4 h 测量体温 1 次,记录箱温和患儿体温 5. 患儿情况稳定,体重达 2 000 g,或体重虽不到 2 000 g,但一般情况良好,并且在 32℃温箱内,患儿穿单衣能保持正常体温,可出箱。患儿出箱后,应对温箱进行终末清洁消毒处理
注意事项	1. 保持温度维持在 36.5~37.5℃,使用肤控模式时应注意探头是否脱落 2. 室温应维持在 22~26℃,以减少辐射散热,避免放置在阳光直射、有对流风或取暖设备附近 3. 操作应尽量在箱内集中进行,如喂奶、换尿布及检查等,并尽量减少开门次数和时间,以免箱内温度波动 4. 接触婴儿前,必须洗手,防止交叉感染 5. 注意观察患儿情况和温箱状态,如温箱报警,应及时查找原因,妥善处理 6. 每天清洁温箱,并更换蒸馏水,每周彻底清洁、消毒温箱 1 次,定期进行细菌监测

暖箱使用法

表 4-8　不同出生体重早产儿适中温箱温度

出生体重(kg)	温箱温度			
	35℃	34℃	33℃	32℃
1.0~1.5	初生 10 d 内	10 d 后	3 周后	5 周后
1.5~2.0		初生 10 d 内	10 d 后	4 周后
2.0~2.5		初生 2 d 内	2 d 后	3 周后
>2.5			初生 2 d 内	2 d 后

八、光照疗法

光照疗法又称光疗，是一种通过荧光灯照射治疗新生儿高胆红素血症的辅助治疗方法。

光照疗法

目 的	通过荧光照射使患儿血液中的脂溶性间接胆红素氧化分解为水溶性直接胆红素并随胆汁、尿液排出体外，从而治疗新生儿高胆红素血症
评 估	患儿的病情、生命体征、日龄、体重、指甲长度、黄疸程度和范围、胆红素检查结果。蓝光箱的清洁度、箱门牢固性、蓝光亮度
准 备	护理人员：七步洗手法洗手，仪表端庄、衣帽整齐，戴好口罩 用物：蓝光箱及布罩、治疗盘、墨镜(工作人员用)、眼罩、胶布、尿不湿、湿纸巾、手套、蒸馏水、袜子。加蒸馏水于湿化器内，预热蓝光箱，调节箱温
操作步骤	1. 核对医嘱，做好解释工作 2. 将患儿全身裸露，用尿布遮盖会阴部，尿布应尽量缩小面积，男婴注意保护阴囊，佩戴遮光眼罩，避免光线损伤患儿的视网膜，光疗箱或光疗灯外周应遮挡，避免对其他人员造成影响 3. 记录开始时间；每 4 h 测体温、脉搏、呼吸 1 次，或根据病情或体温情况随时测量；单面光疗每 2 h 翻身 1 次 4. 观察患儿精神反应、呼吸、脉搏、皮肤颜色和完整性、大小便、四肢张力有无变化及黄疸情况并记录 5. 患儿出箱后清洁消毒光疗设备，记录出箱时间及灯管使用时间
注意事项	1. 患儿入箱前须进行皮肤清洁，禁忌在皮肤上涂粉剂和油类 2. 患儿光疗时随时观察患儿眼罩、会阴遮盖物有无脱落，注意皮肤有无破损 3. 患儿光疗时，维持体温在 36.5~37.2℃，如体温高于 37.8℃或者低于 35℃，应暂时停止光疗 4. 光疗时患儿出现烦躁、嗜睡、高热、皮疹、呕吐、拒奶、腹泻及脱水等症状，应及时与医生联系 5. 光疗超过 24 h 应补充核黄素，以防止继发的红细胞谷胱甘肽还原酶活性降低导致的溶血 6. 保持灯管与反射板的清洁，每日擦拭，防止灰尘影响光照强度 7. 灯管与患儿的距离需遵照设备说明调节，使用时间达到设备规定时限也必须更换

案例分析

患儿，男，9 个月，因"腹泻伴呕吐 3 天"入院。日解大便 10 余次，呈蛋花汤样，量多，1 天来出现尿少，烦躁不安，腹胀。查体：体温 38.0℃，脉搏 140 次/分，呼吸 50 次/分，嗜睡，面色苍白，口唇樱桃红色，皮肤弹性减弱，前囟及眼窝凹陷，口腔黏膜干燥，心音低钝，肠鸣音减弱。血生化示：钠 136 mmol/L，钾 3.0 mmol/L，HCO_3^- 16 mmol/L。临床诊断：婴儿腹泻，脱水。请判断脱水性质及程度，分析酸碱平衡及电解质情况。

【问题】

对该患儿如何进行护理？

【分析与解答】

等渗性脱水(钠 136 mmol/L)，中度(脉搏 140 次/分，呼吸 50 次/分，烦躁不安，嗜睡，面色苍白，口唇樱桃红色，皮肤弹性减弱，尿少，前囟及眼窝凹陷，口腔黏膜干燥，心音低钝)，代谢性酸中毒(嗜睡，面色苍白，口唇樱桃红色，HCO_3^- 16 mmol/L)，低钾血症(钾 3.0 mmol/L)，护理(略)。

笔记栏

知识拓展

输液港（PORT）[*]

PORT是一种完全植入人体内的闭合输液装置，包括尖端位于上腔静脉的导管部分及埋植于皮下的注射座。PORT可用于任何性质的药物输注，不应使用高压注射泵注射造影剂（耐高压导管除外）。可用于输注各种药物、补液、营养支持治疗、输血、血样采集等。

[*] 引自：中华人民共和国国家卫生和计划生育委员会．静脉治疗护理技术操作规范．中国护理管理，2014,14(1)：1-4.

小 结

住院患儿护理
- 护理
  - 心理
    - 家长及家庭：有针对性干预
    - 患儿：正确引导，加强沟通
  - 用药
    - 特点：机能发育不完善，解毒功能差
    - 选择：根据年龄、病种、病情及儿童对药物的特殊反应及远期影响选择
    - 计算：根据体重计算法最常用
    - 方法：以保证疗效为原则，口服最常用
- 体液平衡
  - 特点：体液占体重比例大，器官发育不成熟，调节功能差，易受疾病及外界环境影响，易发生体液平衡失调；常见等渗性脱水、代谢性酸中毒、低钾血症
  - 补液原则：先盐后糖、先浓后淡、先快后慢、见尿补钾、抽搐补钙

【思考题】

1岁患儿，呕吐、腹泻稀水便5 d，1 d来尿量极少，精神萎靡，前囟及眼窝极度凹陷，哭时无泪，皮肤弹性差，四肢发凉，有少许花纹，脉细弱，血清钠135 mmol/L。
(1) 请判断该患儿脱水程度与性质。
(2) 根据患儿脱水程度和性质，首先应如何进行液体治疗，第1天其静脉补液总量是多少？
(3) 患儿经输液6 h后，脱水情况好转，开始排尿，但又出现精神萎靡，心音低钝，腹胀，肠鸣音减弱，这时应首先考虑为何原因？如患儿需要补钾，应如何护理？

（丁 卉 刘顺英 刘 林 成小丽）

第五章

新生儿及新生儿疾病患儿护理

学习要点

- **掌握**：①新生儿分类、足月儿和早产儿的特点、适中温度概念；②新生儿缺氧缺血性脑病、颅内出血、肺透明膜病、新生儿溶血病、坏死性小肠结肠炎的临床表现；③新生儿颅内出血、肺透明膜病、溶血病、坏死性小肠结肠炎的护理措施。
- **熟悉**：①新生儿寒冷损伤综合征的诊断和处理；②新生儿颅内出血、肺透明膜病、溶血病、坏死性小肠结肠炎的治疗要点；③新生儿低钙血症的健康教育。
- **了解**：①新生儿颅内出血分级；②常用肺表面活性物质制剂剂型、剂量，肺透明膜病的X线片特点。

第一节 概 述

新生儿指从脐带结扎至生后满28 d的婴儿。围生期指围绕分娩前后的一段特定时期，我国将围生期定为从妊娠28周至生后1周。新生儿分类有以下几种。

一、根据胎龄分类

(1) 足月儿指胎龄满37周至未满42周的新生儿。
(2) 早产儿指胎龄<37周的新生儿。
(3) 过期产儿指胎龄≥42周的新生儿。

二、根据出生体重分类

(1) 正常出生体重儿指出生体重为2 500～4 000 g的新生儿。
(2) 低出生体重儿指出生体重<2 500 g者。其中体重<1 500 g者称极低出生体重儿，体重<1 000 g者称超低出生体重儿。
(3) 巨大儿指出生体重>4 000 g者。

三、根据出生体重和胎龄关系分类

(1) 适于胎龄儿指出生体重在同胎龄儿平均体重的第10～90百分位者。
(2) 小于胎龄儿指出生体重在同胎龄儿平均体重的第10百分位以下的新生儿。将胎龄已足月而体重在2 500 g以下的新生儿称足月小样儿。多由宫内发育迟缓引起。
(3) 大于胎龄儿指出生体重在同胎龄儿平均体重的第90百分位以上的新生儿。

笔记栏

四、高危儿

高危儿指已经或有可能发生危重情况而需要密切观察的新生儿。包括以下几种情况。
(1) 母亲异常妊娠史的新生儿,如母亲有糖尿病、妊高征等。
(2) 异常分娩的新生儿,各种难产如高位产钳、臀位分娩等。
(3) 出生时有异常的新生儿,如早产儿、多产儿等。

第二节 正常足月儿和早产儿的特点及护理

一、正常足月儿与早产儿的特点

正常足月儿和早产儿的特点见表5-1。

表5-1 正常足月儿与早产儿的特点

	足 月 儿	早 产 儿
外观	体重>2 500 g,身长在47 cm以上,哭声响,皮肤红润,四肢屈曲,胎毛少,耳壳软骨发育好,指(趾)甲达到或超过指(趾)端,乳晕清楚,乳头突起,乳房可扪到结节,整个足底有较深的足纹,男婴睾丸下降,女婴大阴唇覆盖小阴唇	体重大多<2 500 g,身长<47 cm,哭声轻微,皮肤薄而红嫩,四肢肌张力低,胎毛多,耳壳软,指(趾)甲未达到指(趾)端,乳晕不清,乳腺结节不能触到,足底纹少,男婴睾丸未全降,女婴大阴唇不能遮盖小阴唇
呼吸系统	呼吸节律常不规则,40次/分左右。胸廓运动较浅,以腹式呼吸为主	呼吸很不规则,易发生呼吸暂停、肺透明膜病及吸入性肺炎
循环系统	胎盘-脐带循环终止;肺血管阻力降低,肺血流增加;卵圆孔、动脉导管功能性关闭。心率为120~140次/分,血压为70/50 mmHg	心率快,易出现血容量不足和低血压。部分伴动脉导管未闭。毛细血管脆弱,缺氧时易发生出血
消化系统	吞咽功能完善,食管下端括约肌松弛,胃呈水平位,幽门括约肌较发达,易发生溢乳和呕吐;生后10~12 h开始排胎粪,2~3 d内排完。肝酶的活力低,对药物解毒能力低下,易药物中毒,多数新生儿出现生理性黄疸	吸吮能力较差,吞咽反射弱,易呛奶而发生乳汁吸入。胃贲门括约肌松弛,容量小,易发生胃肠道反流和溢乳。易出现胎粪延迟排出;肝不成熟,肝内糖原储存少,生理性黄疸较重,易引起核黄疸;易发生出血症、低血糖和低蛋白血症
血液系统	出生时血红蛋白较高,1周后开始下降;足月儿刚出生时白细胞较高,第3天开始下降;维生素K储存量少,凝血因子活性低	血小板数量稍低,贫血常见。维生素K储存不足,易引起出血,特别是肺出血和颅内出血。铁及维生素D储存不足,易发生贫血、佝偻病
泌尿系统	生后24 h内排尿,如生后48 h无尿,需检查原因。新生儿肾小球滤过率低,肾浓缩功能、排磷功能较差,易导致低钙血症	肾脏功能不成熟,易产生低钠血症、糖尿。用普通牛奶喂养时,可发生晚期代谢性酸中毒
神经系统	视觉、听觉、味觉、触觉、温度觉发育良好,痛觉、嗅觉(除对母乳外)相对较差。具有原始的神经反射	胎龄越小,神经系统的功能越差,表现为原始反射不完整或难以引出。易发生缺氧,导致缺氧缺血性脑病及颅内出血
免疫系统	免疫球蛋白IgG通过胎盘,而IgA和IgM则不能通过胎盘,故对一些传染病有免疫力;但易患呼吸道、消化道感染和大肠埃希菌、金黄色葡萄球菌败血症	皮肤娇嫩,屏障功能差,细胞免疫及体液免疫均不完善,极易发生各种感染
体温调节	体温调节功能差,皮下脂肪较薄,体表面积相对较大,易散热;产热主要靠棕色脂肪的代谢;室温过高时通过皮肤蒸发和出汗散热,但如体内水分不足,血液浓缩而发热称"脱水热";室温过低时可致硬肿症	早产儿的体温易随环境温度的变化而变化,且常因寒冷而导致硬肿症的发生。适中温度系指能维持正常体核及皮肤温度的最适宜的环境温度。在此温度下身体耗氧量最少,蒸发散热量最少,新陈代谢最低,其与胎龄、日龄和出生体重有关

(续表)

	足 月 儿	早 产 儿
能量、水和电解质需要量	新生儿每天总热量需100～110 kcal/kg。新生儿体液总量占体重的70%～80%,且与日龄及出生体重有关。生后第1天需水量为每天60～100 mL/kg。以后每天增加30 mL/kg,直到每天150～180 mL/kg;足月儿钠需要量为1～2 mmol/(kg·d)。10 d后钾的需要量为1～2 mmol/(kg·d)	早产儿生后每天总热量需130～135 kcal/kg。体重小于1 000 g的婴儿第1天补液量一般从100～105 mL/kg开始,不需补充电解质;生后2～4 d,补液量逐渐增加,最高可达180 mL/kg;至生后4～7 d,液体量可减少,以不超过150 mL/kg为宜,早产儿钠的补充应至细胞外液收缩发生后3～7 d和血钠小于145 mmol/L开始,剂量2～3 mmol/(kg·d),偶可高达4～6 mmol/(kg·d),以维持正钠平衡。补钾也应等到生理性利尿发生后和血钾小于4 mmol/L才开始,剂量1～3 mmol/(kg·d)

二、常见的几种特殊生理状态

1. 生理性黄疸　　参见第五章第七节"新生儿黄疸"相关内容。

2. 生理性体重下降　　新生儿初生数日内,因摄入不足,水分丢失较多且胎粪排出,出现体重下降,范围为5%～10%,第7～10天恢复至出生体重。

3. 乳腺肿大和假月经　　生后第4～7天,男、女新生儿均可发生乳腺肿大,一般2～3周内消退。有些女婴生后5～7 d阴道可见少许血性或大量非脓性分泌物,可持续1周,称假月经。

4. "马牙"和"螳螂嘴"　　新生儿上腭中线和齿龈切缘上常有黄白色、米粒大小小斑点,俗称"马牙",系上皮细胞堆积或黏液腺分泌物积留所致,数周至数月后消失。新生儿面颊部有脂肪垫,俗称"螳螂嘴",对吸乳有利,不必处理。

5. 新生儿红斑及粟粒疹　　新生儿生后1～2 d,全身可出现大小不等的多形性斑丘疹,称新生儿红斑。新生儿出生3周内,因皮脂腺堆积,可在鼻尖、鼻翼、面颊部形成小米粒大小的、黄白色的皮疹,称新生儿粟粒疹,多自行消退,不必处理。

三、护理诊断

1. 有窒息的危险　　与呕吐、呛奶有关。
2. 有体温失调的危险　　与体温调节中枢发育不完善有关。
3. 有感染的危险　　与新生儿免疫功能不足及皮肤黏膜屏障功能差有关。
4. 自主呼吸障碍　　与呼吸中枢和肺发育不成熟、呼吸肌无力有关。
5. 营养失调:低于机体需要量　　与吸吮、吞咽、消化吸收功能差有关。

四、护理措施

1. 保持呼吸道通畅　　在新生儿开始呼吸前应迅速清除口、鼻部的黏液及羊水,保持舒适体位,专人看护,避免物品阻挡口、鼻腔或按压其胸部。

2. 维持体温稳定　　保暖,出生后应立即擦干身体,使其处于"适中温度",体重<2 000 g应尽早置温箱中。保持室温在22～26℃,相对湿度为55%～65%。

3. 预防感染

(1) 严格执行消毒隔离制度:接触新生儿前后洗手或用快速消毒液擦拭手部,各类医疗器械定期消毒。

(2) 保持脐部清洁干燥:新生儿分娩后立即结扎脐带,消毒处理好残端。脐带脱落前应保持不被污染。

(3) 做好皮肤护理:足月儿体温稳定后可每天沐浴,检查皮肤完整性及有无肛周脓肿,每次大便后清洗会阴及臀部。

4. 合理喂养　　生后30 min内即可让母亲哺乳,鼓励按需哺乳,无法母乳喂养的早产儿,以早产儿配方乳为宜,喂乳量以吃奶后安静、无胃潴留及体重增长理想为宜。同时,早产儿还需补充维

生素 A、维生素 C、维生素 D、维生素 E 和铁剂。

5. **确保安全**　不要让新生儿处于危险的环境，照顾者指甲要短而钝。

6. **密切观察病情**　监测生命体征，注意观察患儿的进食情况、精神反应、哭声、反射、面色、皮肤颜色、肢体末梢的温度及大小便情况。严格控制输液速度，防止医源性高血糖、低血糖发生。

7. **发展性照顾**　是适合每个儿童个体需求的一种护理模式。这种护理模式可以减少哭闹和呼吸暂停的次数，促进早产儿体重增长。包括用毯子遮盖暖箱、调暗灯光、使儿童卧于"鸟巢"，保持安静、集中操作，减少不良刺激，提供非营养性吸吮。目标是帮助其适应宫外的环境，促进其精神和体格的正常发育。

五、健康指导

提倡母婴同室和母乳喂养，尽早母婴皮肤接触，早吸吮。宣传育儿保健知识，给予新生儿筛查相应的指导。

第三节　新生儿窒息

一、概述

新生儿窒息是胎儿因缺氧发生宫内窘迫或娩出过程中引起的呼吸、循环障碍，以致生后 1 min 内无自主呼吸或未能建立规律性呼吸而导致低氧血症和混合性酸中毒。凡能造成胎儿或新生儿缺氧的因素均可引起窒息。包括胎儿因素、胎盘和脐带因素、孕妇因素、分娩因素。常引起呼吸暂停、各器官缺血缺氧改变、血 $PaCO_2$ 升高，pH 和 PaO_2 降低，低血糖、低血钙、低钠血症。

二、临床表现

1. **胎儿缺氧**　早期胎动增加，胎心率≥160 次/分，晚期胎动减少或消失，胎心率<100 次/分，羊水胎粪污染。

2. **Apgar 评分**　Apgar 评分（表 5-2）是一种简易评价新生儿窒息程度的方法，生后 1 min 评分可区别窒息程度，5 min 及 10 min 评分有助于判断复苏效果和预后。8～10 分为正常，4～7 分为轻度窒息，0～3 分为重度窒息。

表 5-2　新生儿 Apgar 评分法

体　征	评 分 标 准			生后评分	
	0	1	2	1 min	5 min
皮肤颜色	青紫或苍白	躯干红、四肢青紫	全身红		
心率（次/分）	无	<100	>100		
弹足底或插鼻管反应	无反应	有些动作，如皱眉	哭、喷嚏		
肌肉张力	松弛	四肢稍屈曲	四肢能活动		
呼吸	无	慢、不规则	正常，哭声响		

3. **各器官受损表现**　窒息、缺氧缺血造成多器官性损伤，但发生程度和频率常有差异。

(1) 心血管系统：轻者有心肌和传导系统受损，重者出现心力衰竭和心源性休克。

(2) 呼吸系统：易发生羊水或胎粪吸入综合征、持续肺动脉高压和肺出血，低体重儿常见肺透明膜病、呼吸暂停。

(3) 泌尿系统：急性肾衰竭时有尿少、蛋白尿、血尿素氮及肌酐增高，肾静脉栓塞时可见肉眼血尿。

(4) 中枢神经系统：主要是颅内出血和缺氧缺血性脑病。

(5) 代谢方面：常见低血糖或高血糖、电解质紊乱如低钙血症、低钠血症。
(6) 消化系统：有应激性溃疡、坏死性小肠结肠炎(NEC)。缺氧、酸中毒可抑制胆红素与白蛋白结合而使黄疸加重。

三、实验室检查与其他辅助检查

根据病情需要监测血糖、血电解质、血气分析、血尿素及肌酐等生化指标。

四、治疗

1. 及时复苏　　A：清理呼吸道；B：建立呼吸；C：维持正常循环；D：药物治疗；E：评价。
2. 复苏后处理　　评估和监测生命体征、尿量及神经系统症状，注意控制惊厥，治疗脑水肿，维持内环境稳定。

五、护理诊断

1. 自主呼吸障碍　　与羊水、气道分泌物吸入导致低氧血症和高碳酸血症有关。
2. 体温过低　　与缺氧有关。
3. 焦虑(家长)　　与病情危重预后不佳有关。

六、护理措施

1. 复苏　　由产科及新生儿科医生、护理人员共同合作进行。
(1) 复苏程序：严格按照 A→B→C→D 步骤进行，顺序不能颠倒。
1) 通畅气道(生后15～20 s内完成)：① 新生儿娩出后即置于预热的保暖台上；② 用温毛巾揩干全身；③ 摆好体位，使颈部稍仰伸(呈鼻吸位)；④ 立即吸尽口、咽、鼻黏液，时间<10 s。
2) 建立呼吸：① 触觉刺激：摩擦婴儿背部或拍打足底使呼吸出现。② 正压通气：如触觉刺激无效，应立即用复苏器加压给氧，40～60次/分，吸呼比1:2，压力以可见胸动为宜。30 s后再评估，如出现自主呼吸，心率>100次/分，可予观察；如无规律性呼吸，或心率<100次/分，须继续复苏器或气管插管正压通气。
3) 恢复循环：正压通气30 s后，心率持续<60次/分，应同时进行胸外心脏按压，按压部位为两乳头连线中点的下方，即胸骨体下1/3；按压手法可采用双拇指法或中示指法；按压频率为90次/分(按压3次，正压通气1次，4个动作，耗时2 s)；深度为1.5～2 cm。
4) 药物治疗：① 建立有效的静脉通路；② 保证药物的应用：遵医嘱给予1:10 000静脉或气管内注入，有休克症状者可给多巴胺或多巴酚酊胺，其母有用过麻醉药者可用纳洛酮。根据病情纠正酸中毒、使用扩容剂。
(2) 复苏后监护：主要监测生命体征、肤色、尿量和酸碱失衡、电解质紊乱、神经系统症状等。
2. 保温　　护理过程中应注意保暖，维持肛温36.5～37.5℃。

七、健康指导

告知家长新生儿窒息的相关知识、患儿目前的状况、治疗过程和可能的预后，取得最佳配合。

第四节　新生儿缺氧缺血性脑病

一、概述

新生儿缺氧缺血性脑病是由各种围生期因素引起的缺氧和脑血流减少或暂停，引起脑组织生化代谢改变及神经病理学改变,从而导致胎儿和新生儿脑损伤,是新生儿窒息后的严重并发症。

二、临床表现

主要表现为意识改变及肌张力变化,严重者伴有脑干功能障碍。根据病情可分3度。

1. **轻度** 主要表现为兴奋、激惹,肢体及下颏可出现颤动,拥抱反射活跃,一般不出现惊厥,生后24 h内症状明显,3 d内症状逐渐消失,预后良好。

2. **中度** 表现为嗜睡、反应迟钝,肌张力减低,可出现惊厥。前囟张力正常或稍高,拥抱反射和吸吮反射减弱,瞳孔缩小,对光反应迟钝,生后72 h内症状明显,可留下后遗症。

3. **重度** 表现为意识不清,常处于昏迷状态,肌张力低下,肢体自发动作消失,惊厥频繁,反复呼吸暂停,前囟张力高,拥抱反射、吸吮反射消失,瞳孔不等大或瞳孔放大,对光反应差,心率减慢,患儿死亡率高,多数留有后遗症。

三、实验室检查与其他辅助检查

根据病情需要做血常规、尿常规、粪常规、血糖、血气分析、电解质,必要时做脑电检查、头颅影像学检查。

四、治疗

1. **支持疗法** ① 供氧:保持$PaO_2>50$ mmHg、$PaCO_2$在正常范围;② 纠正呼吸性及代谢性酸中毒;③ 维持血压;④ 维持血糖在正常值;⑤ 补液:液量控制在60~80 mL/(kg·d)。

2. **控制惊厥** 首选苯巴比妥钠,负荷量为20 mg/kg,15~30 min内静脉滴注,如惊厥不能控制,1 h后可加用10 mg/kg。12~24 h后给维持量,3~5 mg/(kg·d)。

3. **治疗脑水肿** 出现颅内高压症状可用呋塞米,每次1 mg/kg;或甘露醇,每次0.25~0.5 g/kg静脉注射。

4. **亚低温治疗** 采用全身性或选择性头部降温,将体温下降2~4℃,以减少脑组织代谢,仅适用于足月儿。

五、护理诊断

1. 潜在并发症:颅内压增高、呼吸衰竭
2. 低效性呼吸型态 与缺氧、缺血导致呼吸中枢损害有关。
3. 有废用综合征的危险 与缺氧、缺血导致的后遗症有关。

六、护理措施

1. **保持呼吸道通畅** 及时清除呼吸道分泌物,必要时给氧。

2. **监护** 严密监测患儿生命体征、SpO_2等,观察患儿的神志、瞳孔、前囟张力及有无抽搐,观察药物反应。

3. **亚低温治疗的护理** 选用合适的方式降温,同时必须注意保暖,给予持续的肛温监测,复温要缓慢,动态观察心率、呼吸、SpO_2、血压、面色、反应、末梢循环情况,总结24 h的出入液量。

4. **早期康复干预** 早期给予患儿动作训练和感知刺激的干预措施,疑有功能障碍者,肢体固定于功能位。

七、健康指导

指导家长进行早期康复干预,促进脑功能恢复,合理喂养,增强抗病能力。

第五节 新生儿颅内出血

一、概述

新生儿颅内出血主要因缺氧或产伤引起,早产儿发病率较高,是新生儿早期的重要疾病与死亡原因。不适当地输注高渗液体、频繁吸引和气胸等可引起脑血流变化而造成颅内出血。新生儿肝功能不成熟,凝血因子不足及一些出血性疾病也可引起新生儿颅内出血。

二、临床表现

1. 意识形态改变　　如过度兴奋、激惹、嗜睡、表情淡漠、昏迷等。
2. 眼症状及瞳孔　　如凝视、斜视、眼震颤、眼球上转困难等;瞳孔不对称,对光反应差。
3. 颅内压增高表现　　如前囟隆起、脑性尖叫、惊厥等。
4. 呼吸改变　　出现呼吸增快、减慢、不规则或暂停等。
5. 肌张力改变　　早期肌张力增高,以后减低。
6. 其他　　贫血、黄疸。

三、实验室检查与其他辅助检查

根据病情需要做血常规、尿常规、粪常规、脑脊液检查、头颅影像学检查等。

四、治疗

根据病情给予止血、镇静、止痉、降低颅内压、脑代谢激活剂治疗,必要时外科处理。

五、护理诊断

1. 潜在并发症:颅内压增高
2. 低效性呼吸型态　　与呼吸中枢受损有关。
3. 有窒息的危险　　与惊厥、昏迷有关。
4. 体温调节无效　　与体温调节中枢受损有关。

六、护理措施

1. 密切观察病情,降低颅内压　　清除呼吸道分泌物,注意生命体征、呼吸型态、神态、瞳孔变化,观察惊厥发生的时间、性质,及时记录阳性体征;抬高头部,减少噪声,尽量减少对患儿移动和刺激,减少反复穿刺。
2. 合理用氧　　注意用氧的方式和浓度,维持血氧饱和度在85%～95%,防止氧中毒。必要时需机械通气。
3. 维持体温稳定　　体温过高时应予物理降温,体温过低时用暖箱、远红外床或热水袋保暖。
4. 喂养护理　　出血早期禁止直接哺乳,可用奶瓶喂养,观察吃奶情况。如有呕吐或拒食,防止脱水引起的水电解质失衡。

七、健康指导

向家长解释病情,指导家长给患儿进行早期智力开发和功能锻炼,鼓励其坚持治疗和随访。

第六节　新生儿呼吸窘迫综合征

一、概述

新生儿呼吸窘迫综合征(neonatal respiratory distress syndrome，NRDS)又称新生儿肺透明膜病。多见于早产儿，由于缺乏肺表面活性物质(PS)所致，临床表现为出生后不久出现进行性加重的呼吸窘迫和呼吸衰竭。肺病理特征为外观暗红，肺泡壁至终末细支气管壁上附有嗜伊红透明膜和肺不张。小于35周的早产儿、糖尿病孕妇的新生儿，缺氧、酸中毒、低体温、围生期窒息均可诱发。

二、临床表现

在生后6 h内出现呼吸窘迫，表现为呼吸急促(＞60次/分)，鼻翼扇动、呼气性呻吟、吸气三凹征。呼吸窘迫呈进行性加重是其特点。可出现肌张力低下，呼吸暂停甚至出现呼吸衰竭。听诊两肺呼吸音降低，早期无啰音，以后可听到细小水泡音，心音减弱，胸骨左缘可闻及收缩期杂音，生后第2天、第3天病情严重，72 h后明显好转。

三、实验室检查与其他辅助检查

根据病情需要做血气分析；分娩前抽取羊水测磷脂(PL)和鞘磷脂(S)的比值；胃液振荡试验；X线检查有特征性表现，早期两肺野普遍透明度降低，可见均匀一致的细颗粒网状影；以后出现支气管充气征；重者可整个肺野不充气呈白色，肺心界及肺肝界消失，即"白肺"。

四、治疗

1. 纠正缺氧　　根据患儿情况予适当吸氧的方式，维持PaO_2 50～70 mmHg，SaO_2 85%～95%。
2. 替代治疗　　肺表面活性物质制剂从气管中滴入，滴入后6 h避免吸痰。
3. 维持酸碱平衡　　呼吸性酸中毒以改善通气为主；代谢性酸中毒用5%碳酸氢钠治疗。
4. 支持治疗　　保证营养和液体供给，但补液量不宜过多，以防止动脉导管开放。

五、护理诊断

1. 自主呼吸障碍　　与PS缺乏导致的肺不张、呼吸困难有关。
2. 气体交换受损　　与肺泡缺乏PS、肺泡萎陷及肺透明膜形成有关。
3. 营养失调：低于机体需要量　　与摄入量不足有关。
4. 有感染的危险　　与抵抗力降低有关。

六、护理措施

1. 保持呼吸道通畅　　体位正确，头稍后仰，使气道伸直。及时清除口、鼻、咽部分泌物，吸痰时不宜插入过深。
2. 供氧　　使PaO_2维持在50～70 mmHg，经皮血氧饱和度维持在85%～95%。
3. PS给药护理　　通常于生后24 h内给药，滴入药液后予复苏器加压通气，充分弥散。用药时观察患儿生命体征变化。
4. 保暖　　环境温度维持在22～24℃，肤温在36～36.5℃，相对湿度在55%～65%。
5. 喂养　　保证营养供给，不能吸乳、吞咽者可鼻饲或静脉补充营养。

6. 预防感染　做好口腔护理、消毒隔离工作。

七、健康指导

让家属了解治疗过程和进展,取得最佳配合,指导家长正确喂养、科学护理、注意保暖、预防感染。

第七节　新生儿黄疸

一、概述

新生儿出生后,由于胆红素代谢特点(生成较多、运转能力不足、肝脏发育不成熟、肠肝循环),胆红素在体内积聚引起黄疸。有生理性和病理性之分。

二、新生儿黄疸的分类

1. 生理性黄疸　由于新生儿胆红素代谢特点,大多数足月儿在生后2~3 d内出现黄疸,4~5 d达高峰;一般情况良好,5~7 d消退,最迟不超过2周;早产儿生后3~5 d出现黄疸,5~7 d达高峰,7~9 d消退,可延到3~4周。每天血清胆红素升高<85 μmol/L。足月儿<221 μmol/L,早产儿<256 μmol/L。目前多采用日龄或小时龄胆红素值进行评估。

2. 病理性黄疸　特点为:① 黄疸在出生后24 h内出现;② 血清总胆红素值达到相应日龄及相应危险因素下的光疗干预标准或每天上升超过85 μmol/L;③ 黄疸持续时间长(足月儿>2周,早产儿>4周);④ 黄疸退而复现;⑤ 血清结合胆红素>34 μmol/L。引起病理性黄疸的主要原因如下。

(1) 感染性:新生儿肝炎、新生儿败血症及其他感染。
(2) 非感染性:新生儿溶血症、胆道闭锁、母乳性黄疸、遗传性疾病、药物性黄疸等。

三、治疗

1. 病因治疗　针对病因,治疗基础疾病。
2. 降低血清胆红素　适当使用酶诱导剂、输血浆和白蛋白,降低游离胆红素;提早喂养建立正常菌群,减少肠肝循环;减少肠壁再吸收胆红素;给予光照疗法。
3. 保肝治疗　保护肝脏,不用对肝脏有损害及可能引起溶血、黄疸的药物。
4. 其他　控制感染,供给营养,注意保暖,及时纠正缺氧、酸中毒。

四、健康指导

向家长介绍病情,若为母乳性黄疸,可暂停母乳喂养或隔次母乳喂养,黄疸消退后再恢复母乳喂养。若为G6PD缺陷者,忌食蚕豆及其制品,衣物保管勿用樟脑丸。发生胆红素脑病者,给予康复治疗和护理。

第八节　新生儿溶血病

一、概述

新生儿溶血病是指母婴血型不合,母血中血型抗体通过胎盘进入胎儿循环,发生同种免疫反应导致胎儿、新生儿红细胞破坏而引起的溶血。以 ABO 血型系统不合最为多见,多为母亲 O 型,婴儿 A 型或 B 型,第一胎即可发病;其次是 Rh 血型系统不合,主要发生在 Rh 阴性孕妇和 Rh 阳性胎儿,Rh 溶血病症状随胎次增多而越来越重。

二、临床表现

1. 黄疸　　Rh 溶血者大多在 24 h 内出现黄疸并迅速加重,ABO 溶血大多在出生后 2~3 d 出现,血清胆红素以未结合型为主。

2. 贫血　　Rh 溶血者一般贫血出现早且重;ABO 溶血者贫血少,一般新生儿后期才出现。重症贫血者出生时全身水肿,皮肤苍白,常有胸、腹腔积液,肝脾肿大及贫血性心力衰竭。

3. 肝脾肿大　　Rh 溶血病患儿多有肝脾肿大,ABO 溶血病患儿则不明显。

4. 胆红素脑病(核黄疸)　　一般发生在生后 2~7 d,早产儿易发生。典型临床表现见表 5-3。

表 5-3　胆红素脑病典型临床表现

分　期	表　　　现	持续时间
警告期	反应低下、吸吮力弱、肌张力下降	12~36 h
痉挛期	发热、肌张力增高、抽搐、呼吸不规则	12~36 h
恢复期	肌张力恢复、抽搐减少、体温正常	2 周
后遗症期	眼球运动障碍、听力障碍、手足徐动、智力落后、牙釉质发育不良	终身

三、实验室检查与其他辅助检查

根据病情需要做母子血型、血常规及网织红细胞;血清胆红素,致敏红细胞和血型抗体测定。① 改良直接抗人球蛋白试验,即 Coombs 试验;② 抗体释放试验;③ 游离抗体试验。

四、治疗

1. 产前治疗　　可采用宫内输血、孕妇血浆置换术。

2. 新生儿治疗　　包括换血疗法、光照疗法、纠正贫血及对症治疗(可输血浆、白蛋白,纠正酸中毒、缺氧,加强保暖,避免快速输入高渗性药物)。

五、护理诊断

1. 潜在并发症:胆红素脑病

2. 知识缺乏(家长)　　与缺乏黄疸护理的有关知识有关。

六、护理措施

1. 观察病情　　注意皮肤黏膜、巩膜的色泽,黄疸的部位和范围,神经系统的表现,大小便次数、量及性质。耐心喂养,保证奶量摄入。

2. 针对病因的护理,预防核黄疸的发生

(1) 实施光照疗法和换血疗法,并做好相应护理。

(2) 遵医嘱给予白蛋白、静脉用免疫球蛋白和酶诱导剂,纠正酸中毒。

(3) 合理安排补液计划,切忌快速输入高渗性药物。

七、健康指导

出院后指导定期复查,合理喂养,科学护理,发生核黄疸者及早给予康复治疗及护理。

第九节　新生儿感染性疾病

一、新生儿败血症

(一) 概述
新生儿败血症是指病原体侵入新生儿血液循环并生长、繁殖、产生毒素而造成的全身性炎症反应。与新生儿免疫系统功能不完善,屏障功能差有关。病原体为细菌、病毒、真菌或原虫等。以葡萄球菌、大肠埃希菌为主,感染可以发生在产前、产时或产后。

(二) 临床表现
无特征性表现。出生后 7 d 内出现症状者称早发型败血症;7 d 以后起病者称迟发型败血症。早期表现为精神不佳、食欲缺乏、哭声弱、体温异常等。进而发展为精神萎靡、嗜睡、不吃、不哭、不动,面色欠佳及出现病理性黄疸、呼吸异常。严重者发展为循环、呼吸衰竭,弥散性血管内凝血,中毒性肠麻痹,酸碱平衡紊乱和胆红素脑病。常并发化脓性脑膜炎。

(三) 实验室检查与其他辅助检查
根据病情需要做血、尿、粪便常规,血培养,直接涂片找细菌,病原菌抗体、血细胞沉降率(简称血沉)、急相蛋白等检查。

(四) 治疗
1. 选择合适的抗生素　　早期、足量、足疗程、联合静脉应用抗生素,病原菌已明确者可按药敏试验用药。
2. 对症、支持治疗　　保暖、供氧、纠正电解质紊乱及酸中毒;及时处理局部病灶;保证能量及水的供给;必要时输注新鲜血、粒细胞、血小板、免疫球蛋白。

(五) 护理诊断
1. 体温调节无效　　与感染有关。
2. 皮肤完整性受损　　与脐炎、脓疱疮等感染性病灶有关。
3. 营养失调:低于机体需要量　　与吸吮无力、食欲缺乏及摄入不足有关。
4. 潜在并发症:化脓性脑膜炎、感染性休克、弥散性血管内凝血

(六) 护理措施
1. 维持体温稳定　　根据体温及时予保暖及物理降温,一般不予退热药物。
2. 抗菌药物　　保证药物有效进入体内,注意其毒副反应。
3. 及时处理局部病灶　　如脓疱疮、脐炎、鹅口疮、皮肤破损等,促进皮肤早日愈合。
4. 保证营养供给　　根据病情予经口喂养、管饲、静脉营养。
5. 病情观察　　密切观察,如患儿出现面色发灰、脑性尖叫、呕吐、前囟饱满、两眼凝视提示有脑膜炎的可能;如患儿皮肤发花有出血点、四肢厥冷、脉搏细弱等应考虑感染性休克或弥散性血管内凝血,应立即联系医生,积极处理。

(七) 健康指导
指导家长正确喂养和护理患儿,保持皮肤的清洁。

二、新生儿巨细胞病毒感染

(一) 概述
巨细胞病毒感染由人类巨细胞病毒(HLMV)引起。巨细胞病毒属于疱疹病毒,普遍存在于自然界,侵入人体,将长期存在于机体内,是导致先天性耳聋和神经发育障碍的最常见的感染性疾病。

摄入带病毒的母乳是生后感染的重要途径。

（二）临床表现

1. 先天性感染（宫内感染）　① 母为原发感染时，可引起流产、死胎、死产、早产、宫内发育迟缓，多器官、多系统受损的症状和体征，甚至死亡。② 母为再发感染时，出生时多无临床症状，少数有后遗症，多限于听力受损。如早期干预，则智力发育不受影响。③ 常见的临床症状有黄疸、肝脾肿大、肝功能损害、呼吸窘迫、间质性肺炎、心肌炎、皮肤瘀斑、血小板减少、贫血、脑膜脑炎、小头畸形、脑室周围钙化、脑室扩大，胚胎生发层基质囊肿、视网膜脉络膜炎、脐疝等。④ 常见的后遗症有感觉性神经性耳聋，智力、运动发育障碍，甚至脑性瘫痪、癫痫、视力障碍、牙釉质钙化不全、慢性肺疾病等，以感觉性神经性耳聋最常见。

2. 出生时或出生后感染　潜伏期为 4～12 周，新生儿期主要表现为肝炎和间质性肺炎，足月儿常呈自限性经过，预后良好；早产儿还可表现为单核细胞增多症、血液系统损害、心肌炎等。

（三）实验室检查与其他辅助检查

根据病情需要做血、尿、粪常规，病毒分离、CMV 标志物检测、检测血清中 CMV - IgG、IgM、IgA 抗体。

（四）治疗

1. 更昔洛韦　是治疗症状性先天性 CMV 感染的首选药物，每天 12 mg/kg，分 2 次静脉滴注，疗程 6 周。应严格掌握应用指征：① 有中枢神经系统累及的先天性 CMV 感染；② 有明显活动期症状的 CMV 感染。

2. 治疗并发症　有听力障碍者应早期干预，必要时可应用人工耳蜗。

（五）护理诊断

1. 体温过高　与感染有关。

2. 营养失调：低于机体需要量　与摄入不足、消耗增加有关。

3. 潜在并发症：出血、脑瘫、耳聋、肝损害

（六）护理措施

1. 保持呼吸道通畅　及时有效清除呼吸道分泌物，必要时雾化吸入，定时翻身、拍背、体位引流。

2. 合理用氧，改善呼吸功能　根据病情采用合适的方式给氧，保持室内空气新鲜，温湿度适宜。

3. 密切观察病情　注意患儿的反应、呼吸、心率、皮肤黄疸、出血征象等的变化，做好急救准备。

4. 做好消毒隔离措施，预防交叉感染　严格执行手卫生，病室内定时开窗通风。

5. 合理喂养，保证营养供给　尽早开奶，依据病情给予静脉营养支持。

（七）健康指导

出院后指导定期复查，合理喂养，有听力障碍者及早给予康复治疗。

三、先天性弓形虫感染

（一）概述

弓形虫病是由刚地弓形虫引起的人畜共患病，该病原广泛存在于自然界，几乎所有哺乳动物和人及某些鸟类都是中间宿主，猫科动物是其唯一的终宿主。经胎盘传播引起感染者，其孕妇几乎均为原发感染，传播率随胎龄增大而增加，但胎儿感染严重程度随胎龄增大而减轻。弓形虫病常引起儿童中枢神经系统先天性畸形及精神发育障碍。

（二）临床表现

1. 全身症状　早产、宫内生长迟缓、黄疸、肝脾肿大、皮肤紫癜、皮疹、发热或体温不稳、肺炎、心肌炎、肾炎、淋巴结肿大等。

笔记栏

2. 中枢神经系统　可出现脑膜脑炎的症状和体征,如前囟隆起、抽搐、角弓反张、昏迷等。脑脊液常有异常,头颅 CT 示阻塞性脑积水、脑皮质钙化等。

3. 眼部病变　脉络膜视网膜炎最常见,一侧或双侧眼球受累,还可见小眼球、无眼球等。

(三) 实验室检查与其他辅助检查

根据病情需要做血、尿、粪常规,取血、体液或淋巴结,直接涂片、接种、组织细胞培养找病原体,血清弓形虫 IgG、IgM。血或胎儿羊水弓形虫 DNA。

(四) 治疗

① 磺胺嘧啶:每天 100 mg/kg,分 4 次口服,疗程 4～6 周。② 乙胺嘧啶:每天 1 mg/kg,每 12 h 1 次,2～4 d 后减半;疗程 4～6 周,用 3～4 个疗程,每疗程间隔 1 个月。③ 螺旋霉素:每天 100 mg/kg,分 2～4 次服用。④ 皮质激素:适用于脉络膜视网膜炎及脑脊液蛋白水平≥10 g/L 者,可选用泼尼松 0.5 mg/kg,每天 2 次。孕妇应进行血清学检查,妊娠初期感染弓形虫者应终止妊娠,中后期感染者应予治疗。

(五) 护理诊断

1. 皮肤完整性受损　与弓形虫感染所致皮疹有关。

2. 有窒息的危险　与弓形虫感染中枢神经系统所致抽搐、昏迷有关。

(六) 护理措施

1. 保持呼吸道通畅　及时有效地清除呼吸道分泌物,伴抽搐、昏迷者头偏向一侧。

2. 皮肤护理　每天沐浴,观察全身皮肤及皮疹情况。

3. 密切观察病情　注意患儿的生命体征、神志、前囟、皮肤黄疸、皮疹等的变化,做好急救准备。

(七) 健康指导

出院后指导定期复查,合理喂养,避免与猫狗等宠物接触。

四、新生儿衣原体感染

(一) 概述

新生儿衣原体感染是由沙眼衣原体(CT)引起。本病主要通过性传播,是发达国家最常见的性传播疾病。新生儿 CT 感染主要是在分娩时通过产道获得,剖宫产出生的婴儿受感染的可能性小,多由胎膜早破病原体上行而致。

(二) 临床表现

新生儿衣原体感染以结膜炎、肺炎最常见,其他包括中耳炎、鼻咽炎及女婴阴道炎。① 衣原体结膜炎:潜伏期通常 5～14 d,胎膜早破患儿可更早出现结膜炎。分泌物初为浆液性,很快变成脓性,眼睑水肿,结膜充血、略增厚。② 衣原体肺炎:多在生后 2～4 周发病,早期为上呼吸道感染症状,重者可见阵发断续性咳嗽、气促,或呼吸暂停,肺部可闻及捻发音。

(三) 实验室检查与其他辅助检查

根据病情需要及典型症状,做睑结膜刮片,寻找胞质内包涵体;从刮片标本接种组织细胞培养中分离 CT;直接荧光抗体(DFA)法、酶免疫测定(EIA)检测 CT 抗原。

(四) 治疗

首选红霉素,每天 20～50 mg/kg,分 3～4 次口服,疗程 14 d;阿奇霉素,每天 10 mg/kg,每天服用 1 次,连服 3 d。衣原体结膜炎局部用 0.1% 利福平眼药水或 10% 磺胺醋酰钠眼药水滴眼,每天 4 次,也可用 0.5% 红霉素眼膏,共 2 周。

(五) 护理诊断

1. 舒适的改变　与衣原体所致结膜炎有关。

2. 气体交换受损　与衣原体所致肺部感染有关。

笔记栏

（六）护理措施

1. 眼部护理　　及时清洁眼部，遵医嘱按时滴眼药水或涂红霉素眼膏。
2. 保持呼吸道通畅　　及时予翻身、拍背、吸痰，必要时予氧气吸入。
3. 密切观察病情　　观察生命体征，做好急救准备。

（七）健康指导

指导家长护理小儿前后要洗手，避免交叉感染，出院后指导定期复查。

五、新生儿梅毒

（一）概述

新生儿梅毒又称胎传梅毒、先天性梅毒，是梅毒螺旋体由母体经胎盘进入胎儿血液循环引起的感染。受累胎儿约一半发生死胎、流产、早产或新生儿期死亡，2岁以内发病者为早期梅毒，2岁以后为晚期梅毒。

（二）临床表现

1. 发育及营养状况　　多为早产儿、小于胎龄儿、发育差、营养状况落后于同胎龄儿。
2. 皮肤黏膜损害　　皮疹常于生后2～3周出现，为全身散在多形性斑丘疹、梅毒性天疱疮，最常见于口周、鼻翼和肛周，梅毒性鼻炎表现为鼻塞、脓血样分泌物，极具传染性，鼻黏膜溃疡累及鼻软骨形成"鞍鼻"，累及喉部引起声音嘶哑。
3. 骨损害　　多发生于生后数周，因剧痛而形成"假瘫"，X线见骨、软骨骨膜炎表现。
4. 肝、脾、全身淋巴结肿大　　滑车上淋巴结肿大有诊断价值。
5. 中枢神经系统症状　　多在3～6个月时出现急性化脓性脑膜炎样症状。脑脊液中淋巴细胞数增加，蛋白质增高。
6. 其他　　尚可见视网膜脉络膜炎、胰腺炎、肺炎、心肌炎、肾小球病变。

（三）实验室检查与其他辅助检查

性病研究实验室试验作为筛查试验，梅毒螺旋体吸附试验有助于确诊。

（四）治疗

首选青霉素，每次5万U/kg，静脉滴注，每12 h 1次，7 d后改为每8 h 1次，共10～14 d。青霉素过敏者可用红霉素每天15 mg/kg，连用12～15 d，口服或注射。

（五）护理诊断

1. 皮肤完整性受损　　与梅毒螺旋体损伤皮肤黏膜有关。
2. 疼痛　　与骨损害有关。
3. 焦虑（家长）　　与对治疗、预后知识缺乏有关。

（六）护理措施

1. 心理护理　　介绍本病基本知识，解除家长思想顾虑，取得家长配合。
2. 消毒隔离　　做好床边隔离工作，防止交叉感染。静脉穿刺时，避开皮疹处。患儿用过的物品、设备等，严格消毒。护士注意自我保护隔离，严格执行手卫生，做好终末处理。
3. 皮肤护理　　尽可能置暖箱、穿单衣以便护理操作。在皮疹处涂红霉素软膏，然后用纱布覆盖，每天换药。
4. 梅毒假性麻痹护理　　治疗护理操作时动作轻柔，不采取强行体位，尽量减少不必要的刺激。

（七）健康指导

患儿经治疗全身症状好转，皮疹完全消失，体检后予以预防接种。指导定期复查，跟踪观察血清试验，血浆反应素试验，治疗后1、2、3、6、12个月时应随访，神经梅毒患儿应每6个月进行脑脊液检查。

笔记栏

第十节　新生儿寒冷损伤综合征

一、概述

新生儿寒冷损伤综合征简称新生儿冷伤，主要由受寒引起，低体温和多器官功能损伤是其临床特征，重者出现皮肤和皮下脂肪变硬和水肿，此时又称新生儿硬肿症。寒冷、感染、早产和窒息为主要病因。

二、临床表现

1. 低体温　　是指体核温度<35℃，轻症为30～35℃，重者<30℃，四肢及全身冰凉可伴心率减慢。
2. 硬肿　　由水肿和皮脂硬化所形成，其特点为皮肤硬肿，不能移动，伴水肿者压之有凹陷。硬肿发生顺序是：下肢→臀部→面颊→上肢→全身。胸部受累可引起呼吸困难。
3. 多器官功能损害　　严重时可出现休克、弥散性血管内凝血和急性肾衰竭等。肺出血是常见的并发症。
4. 病情分度　　根据临床表现，病情可分为轻、中和重3度(表5-4)。

表5-4　新生儿寒冷损伤综合征的病情分度

分　度	肛　温	腋-肛温差	硬肿范围	全身情况及器官功能改变
轻度	≥35℃	>0	<20%	无明显改变
中度	30～35℃	≥0	25%～50%	反应差、功能明显低下
重度	<30℃	<0	>50%	休克、弥散性血管内凝血、肺出血、急性肾衰竭

三、治疗

1. 复温　　是低体温患儿治疗的关键。复温原则是逐步复温、循序渐进。
2. 支持疗法　　选择经口喂养或静脉营养提供足够的热量，但应注意严格控制输液量及速度。
3. 合理用药　　根据病情选用抗生素，止血药，抗凝药、扩容、纠正酸中毒等。

四、护理诊断

1. 体温过低　　与新生儿体温调节功能低下、寒冷、早产有关。
2. 营养失调：低于机体需要量　　与吸吮无力、热量摄入不足有关。
3. 有感染的危险　　与免疫、皮肤黏膜屏障功能低下有关。
4. 皮肤完整性受损　　与皮肤硬肿、水肿有关。
5. 潜在并发症：肺出血、弥散性血管内凝血
6. 知识缺乏(家长)　　缺乏正确保暖及育儿知识。

五、护理措施

1. 复温

(1) 若肛温>30℃，可将患儿置于已预热至适中温度的暖箱中，一般在6～12 h内恢复正常体温。

笔记栏

（2）当肛温<30℃时,多数患儿腋-肛温差<0,一般均应将患儿置于比肛温高 1~2℃的暖箱中,每小时提高箱温 1~1.5℃（箱温不超过 34℃）,12~24 h 内恢复正常体温。

（3）亦可采用温水浴、热水袋、电热毯或母亲怀抱等方式复温,但要防止烫伤。

2. 合理喂养　　可经口喂养、用滴管、鼻饲或静脉营养保证能量供给。

3. 保证液体供给,严格控制补液速度　　应用输液泵控制,以防止输液速度过快引起心衰和肺出血。

4. 预防感染　　做好消毒隔离,加强皮肤护理,尽量减少肌内注射,防止皮肤破损引起感染。

5. 观察病情　　注意体温、脉搏、呼吸、硬肿范围及程度、尿量、有无出血症状等,详细记录,备好抢救药物和设备。

六、健康指导

介绍有关硬肿症的知识,指导家长加强护理,注意保暖,鼓励母乳喂养,保证足够的热量。

第十一节　新生儿坏死性小肠结肠炎

一、概述

新生儿坏死性小肠结肠炎是围生期的多种致病因素（早产、肠道缺血缺氧、喂养因素、感染）导致的以腹胀、呕吐、便血为主要症状的急性坏死性肠道疾病。

二、临床表现

常有窒息史,多见于早产儿、小于胎龄儿,早期出现反应差、拒食、呕吐、腹胀、胃潴留增加；重症者腹胀明显,可见肠型,大便果酱样或柏油样,或带鲜血有腥臭味。如不积极治疗,病情恶化,出现面色苍白,体温不升、代谢性酸中毒、黄疸加深、呼吸不规则,甚至弥散性血管内凝血、休克、肠穿孔、腹膜炎。

三、实验室检查与其他辅助检查

根据病情需要做血常规、粪便常规、隐血试验、腹部 X 线检查。

四、治疗

1. 禁食　　确诊后立即禁食,同时进行胃肠减压,轻度禁食 5~7 d,中重度禁食 10~14 d 或更长。当腹胀消失,粪便隐血试验阴性可试进食。

2. 支持疗法　　禁食或进食不足时,应补充液体、电解质和其他营养液。有条件者可输血浆或白蛋白。

3. 抗感染　　根据细菌培养和药敏试验选择药物。

4. 合并休克、弥散性血管内凝血　　给予相应治疗。

5. 其他　　经内科治疗无效,或有肠穿孔、腹膜炎、明显肠梗阻时,应做手术治疗。

五、护理诊断

1. 体温过高　　与细菌毒素有关。

2. 舒适度减弱：腹胀　　与肠壁组织坏死有关。

3. 腹泻　　与肠道炎症有关。

4. 体液不足　与液体丢失过多及补充不足有关。

六、护理措施

1. 监测体温　根据体温结果给予相应的物理降温或药物降温。

2. 减轻腹胀、腹痛，控制腹泻

(1) 立即禁食，肠胀气明显者行胃肠减压，观察腹胀消退情况及引流物、呕吐物的色、质、量，做好口腔护理。

(2) 遵医嘱给予抗生素控制感染。

3. 密切观察病情

(1) 当患者表现为脉搏细速、血压下降、末梢循环衰竭等中毒性休克症状时，立即通知医生组织抢救。

(2) 仔细观察、记录大便的次数、性质、颜色及量，及时、正确留取大便标本送检。每次便后用温水洗净臀部涂油膏等，保持臀部皮肤的完整性。

4. 补充液体，维持营养

(1) 恢复喂养：禁食时以静脉维持能量及水电解质平衡。腹胀消失、大便潜血转阴后逐渐恢复饮食。开始只喂温开水或5%葡萄糖水，如无呕吐或腹胀，再喂乳汁。调整饮食期间继续观察腹胀及大便情况，发现异常及时处理。

(2) 补液护理：建立良好的静脉通路，合理安排输液滴速；准确记录24 h出入量。

七、健康指导

帮助家长掌握饮食的控制、皮肤和口腔卫生等护理知识，并使家长了解病情，取得他们的理解和配合。

第十二节　新生儿低血糖

一、概述

目前认为全血血糖<2.2 mmol/L诊断为新生儿低血糖。与葡萄糖产生过少、需要量增加、葡萄糖消耗增加及新生儿遗传代谢性疾病等有关。

二、临床表现

无症状或无特异性症状，表现为反应差或烦躁、喂养困难、哭声异常、嗜睡、青紫、肌张力低、颤抖、惊厥、呼吸暂停等。

三、实验室检查与其他辅助检查

根据病情需要测定血糖，持续血糖监测、血胰岛素、胰高糖素、T_4、促甲状腺激素(TSH)、生长激素及皮质醇等检查。

四、治疗

进食葡萄糖，静脉输注葡萄糖。对持续或反复低血糖者，结合病情加用氢化可的松、胰高糖素或泼尼松。

五、护理诊断

1. 营养失调：低于机体需要量　　与摄入不足、消耗增加有关。
2. 潜在并发症：呼吸暂停

六、护理措施

1. 喂养　　尽早喂养，早产儿或窒息儿尽快建立静脉通路，保证葡萄糖输入。
2. 监测　　监测血糖，用输液泵控制输注葡萄糖，及时调整输注量及速度。
3. 观察病情变化　　注意有无震颤、多汗、呼吸暂停等，有呼吸暂停者及时处理。

七、健康指导

介绍育儿知识，帮助家长掌握有关低血糖的知识，尽早喂养，鼓励母乳喂养，保证足够的热量供给。

第十三节　新生儿低钙血症

一、概述

新生儿低钙血症是新生儿惊厥的常见原因之一，指血清总钙低于 1.8 mmol/L 或游离钙低于 0.9 mmol/L，主要与暂时的生理性甲状旁腺功能低下有关。早产儿、小于胎龄儿、患妊娠高血压综合征、糖尿病母亲所生的婴儿多于生后 3 d 内发生，称早期低血钙，低血钙发生于出生 3 d 后称晚期低钙血症，碱中毒、换血、输注库血亦可导致低钙血症。

二、临床表现

症状多出现于生后 5～10 d。主要表现为烦躁不安、肌肉抽动、震颤、惊跳及惊厥、手腕内屈、踝部伸直等，偶有喉痉挛。惊厥发作时常伴有发绀、呼吸暂停。早产儿出生 3 d 内易发生血钙降低，多无症状。

三、实验室检查与其他辅助检查

根据病情测定血清总钙、游离钙、磷、镁、碱性磷酸酶，必要时还应检测母血钙、磷和甲状旁腺素（PTH）水平。

四、治疗

1. 补充钙剂和镁剂　　静脉或口服补钙，如惊厥仍不能控制，应检查血镁，如低于 0.6 mmol/L，可肌内注射 25% 硫酸镁，每次 0.4 mL/kg。
2. 补充维生素 D　　甲状旁腺功能不全者长期口服钙剂的同时，还应补充维生素 D。
3. 调整饮食　　停喂牛奶，改用母乳或配方奶。

五、护理诊断

1. 有窒息的危险　　与低血钙造成喉痉挛有关。
2. 知识缺乏（家长）　　与缺乏育儿知识有关。

六、护理措施

遵医嘱补钙：① 10% 葡萄糖酸钙静脉用时，要用 5%～10% 葡萄糖液稀释至少 1 倍，稀释后药

液推注速度<1 mL/min,并予心电监护,如心率<80 次/分,应停用。② 静脉用药过程中避免药物外溢,造成局部组织坏死。一旦发现药液外溢,应立即停止注射,充分回抽并拔针,局部用 25%硫酸镁湿敷。③ 口服补钙时,应在两次喂奶间给药,禁与牛奶搅拌在一起。④ 备好吸引器、氧气、气管插管、气管切开等急救物品,便于喉痉挛等紧急情况时抢救。

七、健康指导

指导多晒太阳,母乳喂养。如不能母乳喂养,应给予母乳化配方奶喂养,必要时加服钙剂和维生素 D。

患儿,男,系 G1P1,胎龄 30^{+1} 周,因"其母妊娠期高血压,重度子痫前期"行急诊剖宫产娩出。出生体重 1.1 kg,Apgar 评分 1 min 8 分,5 min 10 分。产时羊水、脐带、胎盘无异常。生后 15 min 出现呻吟、气促、发绀、吐沫,转入新生儿科治疗。查体:T 不升,HR 178 次/分,R 78 次/分,SpO_2 80%,可见"三凹征",哭声低,听诊双肺呼吸音低,四肢肌张力弱。

【问题】
(1) 该患儿的出生体重属于哪类型新生儿? 出生后 15 min 出现的体征,主要原因是什么?
(2) 为尽快确诊该患儿疾病,最重要的检查是什么? 有哪些特征性表现?
(3) 该患儿收入新生儿科后测得快速血糖为 1.9 mmol/L,此时患儿出现了何种症状? 如何护理?

【分析与解答】
(1) 该患儿的出生体重为 1.1 kg,为极低出生体重儿(出生体重<1.5 kg 者称为极低出生体重儿)。出生后 15 min 出现的体征,主要原因为缺乏肺泡表面活性物质。
(2) 为尽快确诊,最重要的检查为床边 X 线检查。特征性表现为:早期两肺野普遍透明度降低,可见均匀一致的细颗粒网状影,以后出现支气管充气征,重者可整个肺野不充气呈白色,肺心界及肺肝界消失,即"白肺"。
(3) 该患儿出现低血糖症(全血血糖<2.2 mmol/L 诊断为低血糖)。护理措施为尽快建立静脉通路,遵医嘱使用输液泵控制输入葡萄糖液。监测血糖,根据血糖结果,及时调整液体量和速度,保证患儿血糖正常稳定。观察有无呼吸暂停、青紫、震颤等低血糖表现,及时处理。

患儿,女,10 天,系 G1P1,胎龄 40^{+2} 周,出生体重为 3.7 kg,Apgar 评分 10 分,生后第 4 天开始出现皮肤黏膜黄染,家长未做特殊处理,目前皮肤黏膜黄染进行性加重,门诊经皮测胆红素值为 19 mg/dL,即收住新生儿科治疗。

入院后查体:T 36.9℃,HR 139 次/分,R 40 次/分,体重 3.75 kg,反应好,哭声响亮,皮肤黏膜明显黄染,巩膜黄染,无皮疹、出血点。其他相关检查:CRP 0.5 mg/L,血常规:白细胞 $7.8×10^9$/L,血红蛋白 140 g/L,血型:O 型,生化组合:总胆红素 389 μmol/L,直接胆红素 14 μmol/L。

【问题】
(1) 该患儿的黄疸属于哪一种类型? 依据是什么?
(2) 首选的治疗方案是什么? 目的是什么?
(3) 治疗护理该患儿的过程中,应警惕何种严重并发症发生? 如何分期?

【分析与解答】

(1) 该患儿属于病理性黄疸,依据是:① 黄疸出生后 24 h 内出现;② 血清总胆红素值达到相应日龄及相应危险因素下的光疗干预标准,黄疸程度重(>205.2 μmol/L)或每天上升超过 85 μmol/L;③ 黄疸持续时间长(足月儿>2 周,早产儿>4 周);④ 黄疸退而复现;⑤ 血清结合胆红素>34 μmol/L。

(2) 首选的治疗方案为光照疗法。目的为通过荧光照射使患儿血液中的脂溶性间接胆红素氧化分解为水溶性直接胆红素并随胆汁、尿液排出体外,从而治疗新生儿高胆红素血症。

(3) 应警惕胆红素脑病的发生。共分为警告期、痉挛期、恢复期、后遗症期 4 期。

知识拓展

袋鼠式护理(kangaroo mother care, KMC) *

KMC 是指住院或较早出院的低出生体重儿,在出生早期即开始类似袋鼠等有袋动物照顾幼儿的方式,由母亲持续的拥抱,通过紧密的皮肤接触,提供给婴儿所需的温暖及安全感,使其在拥抱中成长,并将此种方式坚持到校正胎龄为 40 周。

KMC 对婴儿身体的感受器、听觉、前庭、温度及触觉感受器以温柔的刺激,可改变痛觉传导,促进早产儿的生长发育及母婴间的情感交流。KMC 实施时机:出生体重≥1 800 g(胎龄≥30 周)、一般情况稳定的早产儿;病情严重或需要特别治疗的早产儿须恢复至病情稳定、可自主呼吸。

* 引自:石群,勾洋.非药物干预缓解早产儿疼痛的研究进展.护理管理杂志,2013,13(8):563.

小 结

1. 新生儿窒息
   - 内容:皮肤颜色、心率、弹足底或插鼻管反应、肌肉张力、呼吸,每项 0~2 分
   - Apgar 评分临床意义:8~10 分为正常,4~7 分为轻度窒息,0~3 分为重度窒息
   - 复苏程序:A. 通畅气道;B. 建立呼吸;C. 恢复循环;D. 药物治疗;E. 评价

2. 新生儿呼吸窘迫综合征
   - 症状:逐渐加重的呼吸困难、青紫、鼻扇、呼气性呻吟、呼吸音减低、细湿啰音、吸气三四征
   - 辅助检查
     - 血气分析 PaO_2 下降,$PaCO_2$ 升高,pH 降低
     - X 线检查时期两肺野普遍透明度降低,以后出现支气管充气征,重者两肺呈"白肺"胃液振荡试验为阴性
   - 治疗要点:NCPAP 吸氧,肺表面活性物质替代治疗

3. 新生儿坏死性小肠结肠炎
   - 症状:腹胀、呕吐、血便、肠鸣音减弱或消失
   - 辅助检查
     - 血象:WBC 增高或降低,血小板减少,CRP 进行性增高;血糖异常;代谢性酸中毒;血细菌培养阳性
     - 腹部 X 线片:肠壁积气和门静脉充气征
   - 治疗:禁食,抗感染,支持疗法,外科手术

【思考题】

(1) 新生儿窒息复苏程序是什么?

(2) 新生儿颅内出血的治疗及护理要点是什么?

(3) 新生儿败血症的病情观察要点是什么?

(4) 新生儿坏死性小肠结肠炎的治疗措施是什么?

(5) 新生儿低钙血症补钙的护理措施是什么?

(刘艳林　钱　敏)

第六章

儿童营养及营养障碍性疾病患儿的护理

学习要点

- **掌握**：① 母乳喂养的优点；② 佝偻病的定义及临床表现；③ 维生素 D 缺乏性抽搐的急救措施和护理措施。
- **熟悉**：① 蛋白质-能量营养不良的定义及临床表现；② 佝偻病的治疗及护理；③ 维生素 D 缺乏性抽搐的临床表现。
- **了解**：① 儿童单纯性肥胖的病因；② 食物转换的原则。

第一节 能量与营养素的需要

营养是指人体获得和利用食物维持生命活动的整个过程。食物中经过消化吸收和代谢能够维持生命活动的物质称为营养素。营养素分为能量、宏量营养素(蛋白质、脂类、碳水化合物)、微量营养素(矿物质，包括常量元素和微量元素；维生素)及其他膳食成分(膳食纤维和水)。

一、能量的需要

儿童所需要的能量主要来自食物中的宏量营养素，在体内产能分别为蛋白质 16.8 kJ/g(4 kcal/g)、脂肪 37.8 kJ/g(9 kcal/g)、碳水化合物 16.8 kJ/g(4 kcal/g)，是维持儿童健康的必要前提。儿童总的能量消耗包括基础代谢率、食物的热力作用、生长、活动和排泄5个方面。

二、营养素的需要

1. 宏量营养素

(1) 碳水化合物为能量的主要来源。碳水化合物所产生的能量应占总能量的 55%～65%。

(2) 脂类是脂肪、胆固醇、磷脂的总称，为第二供能营养素，是构成人体细胞的重要成分，是必需脂肪酸的来源和脂溶性维生素的载体，对髓鞘的形成和脑功能的发育起至关重要的作用。

(3) 蛋白质是构成人体组织、细胞的基本物质，也是体液、酶和激素的重要组成部分，其次还有供能作用，占总能量的 8%～15%。食物中的蛋白质主要用于机体的生长发育和组织的修复。

2. 微量营养素

(1) 维生素：主要功能是调节人体的新陈代谢，不产生能量，但因体内不能合成或合成不足，必须由食物供给。分脂溶性(维生素 A、维生素 D、维生素 E、维生素 K)和水溶性(B族维生素和维生素 C)两大类。

(2) 矿物质：① 常量元素，占人体总重量0.01%以上的矿物质称为常量元素，如钙、磷、钠、钾、镁、氯、硫7种。钙、磷构成人体的牙齿和骨骼等组织，2岁以下每天钙在骨骼增加约200 mg。② 微量元素，占人体总重量0.01%以下的矿物质称为微量元素。需要通过食物摄入，具有十分重要的生理功能。铁、锌、碘缺乏症是全球最主要的微量营养素缺乏病。

3. 其他膳食成分　　膳食纤维有吸收大肠水分、软化大便、增加大便体积、促进肠蠕动等功能。婴幼儿可从谷类、新鲜蔬菜、水果中获得一定量的膳食纤维。婴儿水的需要量相对较多。

第二节　婴幼儿喂养

一、母乳喂养

母乳是婴儿出生数月内天然的最好食物，其中的免疫物质是任何配方乳无法替代的。一般健康的母亲可提供足月儿正常生长到6个月时所需的营养素、能量和液体量。

1. 母乳喂养的优点　　母乳中不仅含有适合婴儿消化且比例适宜的营养素，还具有多种免疫物质，可增强婴儿的免疫力；降低婴幼儿感染性疾病的风险；对子代的过敏性疾病有保护作用；促进婴儿早期健康及生长发育及降低成年期慢性疾病的风险；新鲜无污染、经济、方便、温度及泌乳速度适宜；可密切母子感情，有利于婴儿心身健康；可促进乳母产后子宫复原，减少再受孕的机会；促使乳母体型恢复至孕前状态。

2. 母乳喂养的护理　　要在产前做好身、心两方面的准备。

(1) 指导哺乳技巧：① 尽早开奶，按需哺乳；② 促进乳汁分泌，通过多次吸吮，刺激乳汁分泌增加；③ 每次哺乳时间不宜过长；④ 掌握正确的喂哺技巧；⑤ 保持心情愉快；⑥ 保证合理的营养；⑦ 社会及家庭的支持。

(2) 掌握母乳喂养禁忌：新生儿患有某些疾病，母亲感染HIV或患有严重疾病。

二、部分母乳喂养

母乳与配方乳或其他食物同时喂养婴儿为部分母乳喂养，有补授法、代授法两种情况。

三、人工喂养

以配方奶或其他代乳品完全替代母乳喂养的方法，称为人工喂养。4~6个月以内的婴儿由于各种原因不能进行母乳喂养时采用此方法。牛乳、羊乳、马乳等均为代乳品。

四、婴儿食物转换

婴儿4~6月龄后，由纯乳类喂养向固体食物转换，以保障婴儿的健康。食物转换应循序渐进，从少到多，从稀到稠，从细到粗，从一种到多种，逐渐过渡到固体食物。天气炎热和婴儿患病时应暂停引入新食物。注意应先选择既易于婴儿消化吸收，又能满足其生长需要，同时又不易引发过敏的食物。

第三节　蛋白质-能量营养障碍

一、概述

蛋白质-能量营养不良是由于多种原因引起的能量和（或）蛋白质长期摄入不足，不能维持正常新陈代谢而导致自身组织消耗的营养缺乏性疾病。多见于因膳食供给不足,疾病因素及先天不足(早产、双胎及多胎)等所致蛋白质-能量营养障碍的婴幼儿。

二、临床表现

体重不增是营养不良的早期表现,继之表现为体重下降,皮下脂肪逐渐减少以至消失。其次出现皮肤干燥、苍白、逐渐失去弹性,肌张力减低、肌肉萎缩,身高亦低于正常。重度营养不良可有精神萎靡,反应差,抑郁与烦躁交替,食欲低下,腹泻、便秘交替,体温偏低,脉细无力等表现。也可有重要脏器功能损害,蛋白质严重缺乏时,可有凹陷性水肿。

三、实验室检查与其他辅助检查

(1) 血清白蛋白浓度降低是特征性改变。
(2) 血清淀粉酶、脂肪酶、胆碱酯酶、转氨酶、碱性磷酸酶、胰酶和黄嘌呤氧化酶等活力下降。

四、治疗

早发现,早治疗,采取综合性治疗措施,包括调整饮食及补充营养物质;消除病因,改进喂养方法;积极治疗原发病;控制继发感染;促进消化和改善代谢功能;纠正并发症。

五、护理诊断

1. 营养失调:低于机体需要量　　与能量、蛋白质摄入不足和(或)需要、消耗过多有关。
2. 有感染的危险　　与机体免疫功能低下有关。
3. 生长发育迟缓　　与营养物质缺乏,不能满足生长发育的需要有关。
4. 潜在并发症:营养性缺铁性贫血、低血糖、维生素 A 缺乏症
5. 知识缺乏　　与患儿家长缺乏营养知识及育儿经验有关。

六、护理措施

调整饮食,补充营养物质;促进消化、改善食欲;密切观察患儿的病情变化;预防感染。向家长介绍科学育儿知识,纠正患儿不良饮食习惯,保证充足睡眠,坚持户外活动,按时进行预防接种;先天畸形患儿应及时手术治疗;做好发育监测。

第四节　单纯性肥胖症

一、概述

儿童单纯性肥胖是由于长期能量摄入超过人体的消耗,使体内脂肪过度积聚、体重超过一定范围的一种营养障碍性疾病。病因有能量摄入过多、活动量过少、遗传因素,其他如进食过快、饱食中枢和饥饿中枢调节失衡、精神创伤及心理异常等因素。

二、临床表现

皮下脂肪丰满,严重者胸腹、臀部及大腿皮肤出现皮纹,体重超过同性别、同身高参照人群均值10%~19%者为超重,超过20%者为肥胖。

三、实验室检查与其他辅助检查

三酰甘油、胆固醇大多增高,肝脏超声检查常有脂肪肝。

四、治疗

采取控制饮食,适量运动,消除心理障碍,配合药物治疗的综合措施。

五、护理诊断

1. 肥胖　　与摄入高能量食物过多和(或)运动过少有关。
2. 体像紊乱　　与肥胖引起自身形体改变有关。
3. 社交障碍　　与肥胖造成心理障碍有关。
4. 潜在并发症:高血压、高血脂、糖尿病
5. 知识缺乏:患儿及家长缺乏合理营养知识

六、护理措施

给予低脂肪、低糖类和高蛋白质食品,鼓励患儿进食体积大、饱腹感强而能量低的蔬菜类食品,少食多餐,避免过饱。适量运动如晨间跑步、爬楼梯、跳绳、游泳等,每天至少30 min。进行行为矫正和心理支持。向家长讲述科学喂养知识,培养儿童良好的饮食习惯,对患儿实施生长发育监测。

第五节　营养性维生素 D 缺乏性佝偻病

一、概述

营养性维生素 D 缺乏性佝偻病为儿童体内维生素 D 不足引起钙、磷代谢紊乱,产生的一种以骨骼病变为特征的全身慢性营养性疾病。主要见于 2 岁以下婴幼儿。北方佝偻病发病率高于南方。病因为围生期维生素 D 不足;日光照射不够;生长速率快;需要增加;疾病及药物影响。

二、临床表现

常见于 3 个月~2 岁婴幼儿,表现为生长最快部位的骨骼改变、肌肉松弛及神经兴奋性改变。

1. 初期(早期)　　多见于 6 个月以内,特别是 3 个月以内小婴儿。主要为神经兴奋性增高的表现,如易激惹、烦闹、常与室温季节无关的多汗,致枕秃。

2. 活动期(激期)　　以 3 个月~2 岁婴幼儿多见。主要为骨骼改变和运动功能发育迟缓。

骨骼改变包括:① 头部,颅骨软化可见"乒乓头""方盒样",严重时呈马鞍状头形。患儿前囟闭合延迟,出牙迟,牙釉质缺乏并易患龋齿。② 胸部,胸廓畸形多见于 1 岁左右婴儿。有佝偻病串珠和漏斗胸。③ 四肢,佝偻病手、足镯;能站立或会行走的 1 岁左右患儿,形成严重的膝内翻("O"形腿)、膝外翻("X"形腿)畸形。④ 脊柱,激期长骨片显示钙化带消失,婴幼儿会坐或站立后,因韧带松弛可致脊柱后凸或侧凸畸形。

3. 恢复期　　患儿经治疗及日光照射后,临床症状和体征逐渐减轻或消失。

4. 后遗症期　　因严重佝偻病残留不同程度骨骼畸形。

三、实验室检查与其他辅助检查

1. X 线检查　　激期干骺端呈毛刷样、杯口状改变,骨骺软骨带增宽。治疗 2~3 周后出现不规则的钙化线,以后骨质密度逐渐恢复正常。

2. 血生化检查　　初期血清 25-(OH)D_3 下降,PTH 升高,血钙下降,血磷降低,碱性磷酸酶正常或稍高。

四、治疗

治疗目的在于控制病情活动,防止骨骼畸形。口服维生素 D 2 000~4 000 IU/d,连服 1 个月后改为 400~800 IU/d,治疗 1 个月后应复查结果。应注意加强营养,保证足够奶量,及时添加转乳期食品,坚持每天户外活动。膳食中钙摄入不足时,应适量补充钙剂。

五、护理诊断

1. 营养失调:低于机体需要量　　与日光照射不足和维生素 D 摄入不足有关。
2. 生长发育迟缓　　与钙、磷代谢异常致骨骼、神经发育迟缓有关。
3. 有感染的危险　　与免疫功能低下有关。
4. 潜在并发症:骨骼畸形、药物不良反应
5. 知识缺乏:家长缺乏佝偻病的预防及护理知识

六、护理措施

① 每天进行一定的户外活动,出生后 2~3 周开始,冬季也要保证 1~2 h/d 的户外活动时间;② 按时引入换乳期食物;③ 遵医嘱供给维生素 D 制剂;④ 预防骨骼畸形和骨折,对已有骨骼畸形的患儿护理操作时应避免重压和强力牵拉。

给孕妇及患儿父母讲述有关疾病的预防、护理知识,鼓励孕妇多进行户外活动,选择富含维生素 D、钙、磷和蛋白质的食物;新生儿出生 2 周后每天给予维生素 D 400~800 IU;对于处于生长发育高峰的婴幼儿更应加强户外活动,给予预防量维生素 D 和钙剂,并及时引入换乳期食物。

第六节　维生素 D 缺乏性手足搐搦症

一、概述

维生素 D 缺乏性手足搐搦症是由维生素 D 缺乏致血钙降低,而出现惊厥、手足肌肉抽搐或喉痉挛等神经肌肉兴奋性增高症状,多见于 6 个月以下婴儿。维生素 D 缺乏时,血钙下降,而甲状旁腺不能代偿性分泌增加,则低血钙不能恢复,血清总钙量<1.75 mmol/L(7 mg/dL)或钙离子<1.0 mmol/L(4 mg/dL)时即可导致神经肌肉兴奋性增高,出现手足抽搐、喉痉挛,甚至全身性惊厥的症状。

二、临床表现

典型发作表现为惊厥、喉痉挛和手足搐搦,并有不同程度的活动性佝偻病表现。

三、治疗

1. 急救处理　　立即吸氧,保持呼吸道通畅;迅速控制惊厥或喉痉挛。喉痉挛者须立即将舌头拉出口外,并进行口对口人工呼吸或加压给氧,必要时做气管切开以保证呼吸道通畅。控制惊厥或喉痉挛可用 10% 水合氯醛保留灌肠,每次 40~50 mg/kg 或地西泮每次 0.1~0.3 mg/kg 肌内注射或缓慢静脉注射。尽快给予 10% 葡萄糖酸钙 5~10 mL 加入 10% 葡萄糖液 5~20 mL 中,缓慢静脉注射(>10 min)或静脉滴注。

2. 维生素 D 治疗　　急诊情况控制后,按维生素 D 缺乏性佝偻病治疗方法采用维生素 D 治疗。

四、护理诊断

1. 有窒息的危险　　与惊厥及喉痉挛有关。
2. 有受伤的危险　　与惊厥发作及手足搐搦有关。
3. 营养失调：低于与机体需要量　　与维生素 D 缺乏有关。
4. 知识缺乏　　与家长缺乏惊厥及喉痉挛护理相关知识有关。

五、护理措施

控制惊厥及喉痉挛：遵医嘱给予镇静剂、钙剂，监测心率，避免药液外渗；出现惊厥或喉痉挛者立即吸氧，同时将患儿头偏向一侧，清除口鼻分泌物，保持呼吸道通畅；对已出牙的患儿，应在上、下臼齿间放置牙垫，避免舌被咬伤，必要时行气管插管或气管切开。

六、健康指导

指导家长合理喂养，定期户外活动，补充维生素 D。教会家长患儿惊厥、喉痉挛发作的处理方法。

第七节　锌缺乏症

一、概述

锌缺乏是指体内因长期缺乏微量元素锌所引起的以食欲减低、生长发育迟缓、异食癖及皮炎为主的临床表现。摄入不足、吸收障碍、需要量增加及丢失过多为主要病因。

二、临床表现

食欲减退，生长发育落后，蛋白质代谢障碍，免疫功能降低，神经系统受损，其他如地图舌、反复口腔溃疡。

三、治疗

针对病因治疗原发病；给予含锌量较多的食物；口服锌制剂，常用葡萄糖酸锌，每天剂量为锌元素 0.5～1 mg/kg，连服 2～3 个月。

四、护理诊断

1. 营养失调：低于机体需要量　　与锌摄入不足、需要量增加、吸收障碍、丢失增多有关。
2. 有感染的危险　　与锌缺乏免疫功能低下有关。
3. 生长发育迟缓　　与锌缺乏影响核酸及蛋白质合成、生长激素分泌减低有关。
4. 知识缺乏　　与患儿家长缺乏营养知识及儿童喂养知识有关。

五、护理措施

1. 改善营养、促进生长发育　　供给富含锌的食物，如动物肝、鱼、瘦肉等；新生儿尽可能母乳喂养；合理引入换乳食品。
2. 避免感染　　保持室内空气清新，注意口腔卫生，防止交叉感染。

六、健康指导

让家长了解患儿缺锌的原因,以配合治疗和护理。

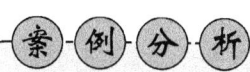

乳糖不耐受症(LI) *

LI是指由小肠黏膜乳糖酶缺乏(LD)导致乳糖消化吸收障碍,从而引起以腹胀、腹痛、腹泻为主的一系列临床症状。当LD仅引起乳糖吸收障碍而无临床症状时,称为乳糖吸收不良(LM)。对婴幼儿而言,常由腹泻引起,其中轮状病毒性肠炎导致继发性LI的发生率最高。治疗方法:避免食用乳糖,可食用代乳品及无乳糖乳品,也可在乳制品中添加乳糖酶或食用发酵乳及益生菌等。

* 引自:黄永坤,杨娟.乳糖不耐受症及其治疗.中华实用儿科临床杂志,2010,25(7):463-465.

案例分析

患儿,女,10个月,出生后一直纯母乳喂养,9个半月开始添加其他食物,婴儿拒绝进食,只愿意吃母乳。患儿经常出现无诱因的哭闹,夜间尤为明显,难于安抚。至今不能扶站。

【问题】
(1) 请问该患儿在喂养过程中出现了什么问题?
(2) 婴儿食物转换的原则是什么?

【分析与解答】
(1) 纯母乳喂养的婴儿未及时补充维生素D,未及时由纯母乳向固体食物转换。
(2) 食物转换应循序渐进,从少到多,从稀到稠,从细到粗,从一种到多种,逐渐过渡到固体食物。天气炎热和婴儿患病时应暂停引入新食物。

小 结

1. 营养性维生素D缺乏性佝偻病
   - 临床表现
     - 早期:神经兴奋性增高的表现
     - 激期:主要为骨骼改变和运动功能发育及神经、精神发育迟缓
   - 治疗:维生素D(D_3),加强营养,增加户外活动,补充钙剂

2. 维生素D缺乏性手足搐搦症
   - 典型发作:表现为惊厥、喉痉挛和手足搐搦,并有不同程度活动性佝偻病表现
   - 急救处理:保持呼吸道通畅,立即吸氧,迅速控制惊厥或喉痉挛

【思考题】

患儿,男,10个月,因"惊厥反复发作"入院。系人工喂养。查体:体温37℃,可见方颅、枕秃,其他无特殊。血清钙、磷正常,血碱性磷酸酶升高。腕部正位片示骨骺端钙化带模糊不清,呈杯口状改变。诊断为维生素D缺乏性手足搐搦症。

(1) 患儿惊厥发作时,如何进行急救处理?
(2) 如何对家长进行相应健康宣教?

(陈玉瑛 倪春梅)

第七章

消化系统疾病患儿的护理

学习要点

- **掌握**：婴幼儿腹泻的临床表现、护理诊断、护理措施。
- **熟悉**：鹅口疮、疱疹性口炎的临床表现、护理措施。
- **了解**：儿童消化系统解剖生理特点。

第一节 口 腔 炎 症

一、概述

3个月以下婴儿因唾液中淀粉酶含量低，故不宜喂淀粉类食物；5～6个月时唾液分泌明显增多，不能及时吞咽，可发生生理性流涎。婴儿的食管呈漏斗状，食管下端贲门括约肌发育不成熟，常发生胃食管反流。婴儿胃呈水平位。胃排空时间：水 1.5～2 h，母乳 2～3 h，牛乳 3～4 h。儿童肠管相对比成人长，肠系膜柔软而长，固定差，易发生肠套叠和肠扭转。肠壁屏障功能差，易引起全身性感染和变态反应性疾病。肠道菌群受食物成分影响。母乳喂养儿粪便呈较稀薄黄色或金黄色、糊状，偶有细小乳凝块，绿色、不臭。人工喂养儿粪便呈较干稠，淡黄或灰黄色，有臭味。混合喂养儿粪便与人工喂养儿相似，但较软、黄。

口炎是指口腔黏膜的炎症，若病变仅局限于舌、齿龈、口角，亦可称为舌炎、齿龈炎或口角炎。

二、临床表现

鹅口疮为白色念珠菌感染所致，多见于新生儿、营养不良、腹泻、长期应用广谱抗生素或激素的患儿，特征是在口腔黏膜表面出现白色或灰白色乳凝块样小点或小片状物，可逐渐融合成大片，不易拭去，若强行擦拭剥离后，局部黏膜潮红、粗糙、可有溢血。以颊黏膜最常见。患处不痛、不流涎、不影响吃奶，一般无全身症状。疱疹性口炎由单纯疱疹病毒Ⅰ型感染所致。起病时发热，体温达38～40℃，齿龈红肿，触之易出血，继而口腔黏膜出现小疱疹，周围有红晕，迅速破溃后形成浅表溃疡，有黄白色纤维素性分泌物覆盖，常见于齿龈、口唇、舌和颊黏膜。溃疡性口炎主要由链球菌、金黄色葡萄球菌、肺炎链球菌等引起，口腔各部位均可发生，多个小溃疡可融合成不规则的大溃疡，常见于舌、唇内及颊黏膜处，局部疼痛、流涎、拒食、烦躁，常有发热，体温可达39～40℃，局部淋巴结肿大。

三、治疗

鹅口疮哺乳前后用2%碳酸氢钠溶液清洁口腔，局部涂抹10万～20万 U/mL 制霉菌素鱼肝油

笔记栏

混悬溶液,每天2~3次。疱疹性口炎多饮水,可用3%过氧化氢溶液清洗口腔,局部可涂碘苷(疱疹净)抑制病毒,亦可喷西瓜霜、锡类散等,发热者给予物理或药物降温,有继发感染时按医嘱使用抗生素治疗。溃疡性口炎需控制感染,可用3%过氧化氢溶液清洁口腔,溃疡面涂5%金霉素鱼肝油、锡类散等。

四、护理诊断

1. 疼痛　　与口腔黏膜糜烂、溃疡有关。
2. 体温过高　　与口腔炎症有关。
3. 口腔黏膜受损　　与口腔感染有关。
4. 营养失调:低于机体需要量　　与疼痛引起拒食有关。
5. 知识缺乏　　与患儿及家长缺乏口腔炎症的预防及护理知识有关。

五、护理措施

根据不同病因选择不同溶液清洁口腔后涂药,保持口腔黏膜湿润和清洁。涂药后嘱患儿不可立即漱口、饮水或进食。体温超过38.5℃时,给予物理降温,必要时予药物降温。及时补充水分。供给高热量、高蛋白质、富含维生素的温凉流质或半流质食物,避免摄入酸辣或粗硬食物。教育患儿养成良好的卫生习惯。

第二节　胃食管反流

一、概述

胃食管反流是指胃内容物,包括从十二指肠流入胃的胆盐和胰酶等反流入食管甚至口咽部,分生理性和病理性两种。病因为抗反流屏障功能低下、食管廓清能力降低、食管黏膜的屏障功能破坏、胃及十二指肠功能失常等。

二、临床表现

新生儿和婴幼儿以呕吐为主要表现,年长儿表现为反胃、反酸、嗳气等。出现烧灼感、咽下疼痛、呕血和便血等反流性食管炎表现及Barrette食管和食管外症状。

三、实验室检查与其他辅助检查

食管pH动态监测是目前最可靠的诊断方法,食管钡剂造影,其他检查。

四、治疗

包括体位治疗,饮食治疗,促胃肠动力药、抑酸和抗酸药、黏膜保护剂等药物治疗和手术治疗。

五、护理诊断

1. 有窒息的危险　　与溢奶和呕吐有关。
2. 营养失调:低于机体需要量　　与反复呕吐所致的能量和各种营养素摄入不足有关。
3. 疼痛　　与胃内容物反流导致的反流性食管炎有关。
4. 知识缺乏　　与患儿家长缺乏本病护理的相关知识有关。

六、护理措施

(1) 合理喂养,少量多餐,保持胃处于非充盈状态。保持适宜体位,防止窒息,将床头抬高 30°,新生儿和小婴儿以前倾俯卧位为最佳,睡眠时宜采取仰卧位及左侧卧位;年长儿清醒状态下以直立位和坐位为最佳,睡眠时宜采取左侧卧位,将床头抬高 20~30 cm。按医嘱给药并观察药物疗效和不良反应。

(2) 告知家长体位及饮食护理的方法、重要性和长期性。

第三节 婴幼儿腹泻

一、概述

婴幼儿腹泻,是指由多种病原、多种因素引起的,以大便次数增多和大便性状改变为特点的消化道综合征,严重者可引起水、电解质和酸碱平衡紊乱。以 6 个月~2 岁儿童多见。易感因素有消化系统发育不成熟、生长发育快、机体防御功能差、肠道菌群失调、人工喂养等。除饮食及气候非感染因素外,还有肠道内及肠道外感染伴有腹泻。

二、临床表现

急性腹泻病程在 2 周以内;迁延性腹泻病程在 2 周~2 个月;慢性腹泻病程超过 2 个月。

1. 腹泻的共同临床表现

(1) 轻型腹泻:起病可急可缓,以胃肠道症状为主。表现为食欲缺乏,偶有溢奶或呕吐,大便次数增多,每天 10 次以内,每次大便量不多,稀薄或带水,有酸味,呈黄色或黄绿色,粪质不多,常见白色或黄白色奶瓣和泡沫。多在数日内痊愈。

(2) 重型腹泻:起病常较急,除有较重的胃肠道症状外,还有明显的脱水、电解质紊乱及全身中毒症状。

1) 胃肠道症状:腹泻频繁,每天大便从十余次到数十次;常伴有呕吐、腹胀、腹痛、食欲缺乏等。大便呈黄绿色水样或蛋花汤样、量多,含水分多,可有少量黏液,少数患儿也可有少量血便。

2) 水、电解质和酸碱平衡紊乱症状:有脱水、代谢性酸中毒、低钾及低钙、低镁血症等。

3) 全身中毒症状:如发热,体温可达 40℃,烦躁不安或萎靡、嗜睡,进而意识模糊,甚至昏迷、休克等。

2. 轮状病毒肠炎的临床特点 好发于秋、冬季,以秋季流行为主,故又称秋季腹泻。经粪-口或气溶胶形式传播。多见于 6 个月~2 岁的婴幼儿,潜伏期 1~3 d。起病急,常伴有发热和上呼吸道感染症状,多无明显中毒症状。病初即出现呕吐,大便次数多,量多,呈黄色或淡黄色,水样或蛋花汤样,无腥臭味,大便镜检偶有少量白细胞。常并发脱水、酸中毒及电解质紊乱。本病为自限性疾病,自然病程 3~8 d。

3. 迁延性腹泻和慢性腹泻 多表现为腹泻迁延不愈,病情反复,大便次数和性质不稳定,严重时可出现水、电解质紊乱。

4. 生理性腹泻 生理性腹泻多见于 6 个月以内的婴儿,表现为生后不久即出现腹泻,但除大便次数增多外,无其他症状,食欲好,不影响生长发育,添加换乳期食物后,大便即逐渐转为正常。

三、实验室检查与其他辅助检查

血常规、大便常规、病原学检查、血液生化等。

四、治疗

治疗原则为调整饮食；预防和纠正脱水；合理用药、控制感染；预防并发症的发生。

强调继续进食，以满足生理需要。口服补液（ORS）可用于预防脱水及纠正轻、中度脱水，中、重度脱水伴周围循环衰竭者需静脉补液。病毒性肠炎以饮食疗法和支持疗法为主，一般不用抗生素。其他肠炎应对因选药。适当使用肠道微生态调节剂及肠黏膜保护剂，如双歧杆菌及蒙脱石散等，还可予补锌治疗。

五、护理诊断

1. 体液不足　　与腹泻、呕吐导致的体液丢失过多和摄入不足有关。
2. 营养失调：低于机体需要量　　与腹泻、呕吐丢失过多和摄入不足有关。
3. 有皮肤完整性受损的危险　　与大便刺激臀部皮肤有关。
4. 知识缺乏　　与家长缺乏喂养知识及相关的护理知识有关。
5. 潜在并发症：酸中毒、低血钾　　与呕吐、腹泻有关。

六、护理措施

1. 调整饮食　　母乳喂养者可继续哺乳，暂停换乳期食物添加；人工喂养者可喂米汤、酸奶、脱脂奶等，待腹泻次数减少后给予流质或半流质饮食，少量多餐，逐步过渡到正常饮食。呕吐严重者，可暂时禁食4～6 h（不禁水），待好转后继续喂食，由少到多，由稀到稠。病毒性肠炎应暂停乳类喂养，改用酸奶、豆浆等。

2. 维持水、电解质及酸碱平衡

（1）口服补液：ORS用于腹泻时预防脱水及纠正轻、中度脱水。轻度脱水需50～80 mL/kg，中度脱水需80～100 mL/kg，于8～12 h内将累积损失量补足；脱水纠正后，可将ORS用等量水稀释，按病情需要随时口服。有明显腹胀、休克、心功能不全或其他严重并发症者及新生儿不宜口服补液。

（2）静脉补液：用于中、重度脱水或吐泻严重或腹胀的患儿。第1天补液：① 输液总量，包括累积损失量、继续损失量和生理需要量。② 输液种类，根据脱水性质而定。③ 输液速度，主要取决于累积损失量（脱水程度）和继续损失量，遵循"先快后慢"的原则。第2天及以后补液：此时脱水和电解质紊乱已基本纠正，一般只补充继续损失量和生理需要量，于12～24 h内均匀输入，能口服者应尽量口服。

3. 控制感染　　按医嘱选用针对病原菌的抗生素以控制感染。严格执行消毒隔离，做好床旁隔离，接触患儿前后严格做好手的消毒工作，对患儿的衣物、食具、尿布及便具应分类消毒处理，以防交叉感染。

4. 保持皮肤完整性　　选用吸水性强、柔软布质或纸质尿布，勤更换；每次便后用温水清洗臀部并擦干；局部皮肤发红处涂以5%鞣酸软膏或40%氧化锌油并按摩片刻；女婴应注意会阴部的清洁，预防上行性尿路感染。

5. 密切观察病情　　监测生命体征，如神志、体温、脉搏、呼吸、血压等；观察大便情况，记录大便次数、颜色、气味、性状、量；观察全身中毒症状及水、电解质和酸碱平衡紊乱症状。

七、健康指导

指导家长正确洗手并做好污染尿布及衣物的处理，培养良好的卫生习惯。指导家长观察脱水表现，说明调整饮食的重要性，注意饮食卫生，提倡母乳喂养，避免在夏季断奶，按时逐步添加换乳期食物。加强体格锻炼，适当户外活动，注意气候变化，防止受凉或过热。避免长期滥用广谱抗生素。

笔记栏

第四节 肠套叠

一、概述

肠套叠是指部分肠管及其肠系膜套入邻近肠腔内造成的一种绞窄性肠梗阻,是婴幼儿时期常见的急腹症之一。分为原发性和继发性两种。95%为原发性,多见于婴幼儿。

二、临床表现

分为急性肠套叠和慢性肠套叠。

1. 急性肠套叠　①腹痛:患儿突然发生剧烈的阵发性肠绞痛,哭闹不安,屈膝缩腹,面色苍白,出汗,拒食。持续数分钟后腹痛缓解,间歇10～20 min又反复发作。②呕吐。③血便:呈果酱样黏液血便,或做直肠指检时发现血便。④腹部包块:多数病例在右上腹部触及腊肠样肿块,表面光滑,略有弹性,稍可移动。⑤全身情况。

2. 慢性肠套叠　以阵发性腹痛为主要表现。

三、实验室检查与其他辅助检查

(1) 腹部B超:在套叠部位横断扫描可见同心圆或靶环状肿块图像,纵断扫描可见"套筒征"。
(2) B超监视下水压灌肠。
(3) 空气灌肠。
(4) 钡剂灌肠。

四、治疗

复位是紧急的治疗措施,一旦确诊需立即进行。首选空气灌肠。必要时手术治疗。

五、护理诊断

1. 急性疼痛　与肠系膜受牵拉和肠管强烈收缩有关。
2. 知识缺乏　与患儿家长缺乏有关疾病护理的相关知识有关。

六、护理措施

1. 密切观察病情　健康婴幼儿突然发生阵发性腹痛、呕吐、便血和腹部触及腊肠样肿块时可确诊肠套叠。
2. 手术及非手术治疗效果观察　密切观察患儿腹痛、呕吐、腹部包块及排便情况。

知识拓展

Barrette食管[*]

Barrette食管是反流性食管炎的并发症之一,为癌前病变。其诊断主要依赖于内镜和病理学检查:内镜下,在苍白色食管黏膜的背景下出现舌状或岛状的扁平红色柔软光滑的组织,或表现为红色柔软光滑的环状黏膜带。病理学检查发现食管鳞状上皮被含有杯状细胞的柱状上皮取代。如发现有重度异型增生或早期癌变,应手术治疗,其他非手术疗法包括激光消融术、电凝疗法、光动力学疗法等。

[*] 引自:崔焱.儿科护理学.5版.北京:人民卫生出版社,2012.

案例分析

患儿,男,10个月,发热,腹泻2d,精神萎靡,尿少4h。患儿体温38℃,大便呈蛋花汤样,眼窝凹陷,口唇干燥,肛周皮肤发红。

【问题】

(1) 引起患儿腹泻最可能的原因是什么?

(2) 该患儿是哪种程度脱水?如何做好该患儿的臀部皮肤护理?

【分析与解答】

(1) 该患儿腹泻的可能原因是轮状病毒性肠炎(好发于秋、冬季,以秋季流行为主。多见于6个月~2岁的婴幼儿。病初即出现呕吐,大便次数多,量多,呈黄色或淡黄色,水样或蛋花汤样。常并发脱水、酸中毒及电解质紊乱。)

(2) 该患儿为中度脱水(萎靡、眼窝凹陷、口唇干燥均为中度脱水的临床表现)。

臀部护理:选用吸水性强,柔软布质或纸质尿布,勤更换,避免使用不透气的塑料布或橡皮布;每次便后用温水清洗臀部并擦干,以保持皮肤清洁、干燥;局部发红处涂以5%鞣酸软膏或40%氧化锌油按摩片刻,促进局部血液循环。

小 结

婴儿腹泻
- 临床表现
  - 病程
    - 急性腹泻:病程在2周以内
    - 迁延性腹泻:病程在2周~2个月
    - 慢性腹泻:病程超过2个月
  - 严重程度
    - 轻型腹泻:以胃肠道症状为主
    - 重型腹泻:起病较急,除胃肠道症状外,还有明显的脱水、电解质紊乱及全身中毒症状
- 护理措施
  - 调整饮食
  - 维持水、电解质及酸碱平衡
    - 原则:先盐后糖、先快后慢、先晶后胶、见尿补钾、防惊补钙
    - 方法:口服补液、静脉补液
  - 控制感染,防止交叉感染
  - 保持皮肤完整性
  - 密切观察病情
  - 健康教育

【思考题】

患儿,男,4个月。体重5kg,腹泻3d,每天7~8次,蛋花汤样,无腥臭,吃奶后呕吐2次。面色稍苍白,精神萎靡,皮肤弹性较差,眼窝及前囟凹陷,皮下脂肪0.3cm,哭时泪少。肛周皮肤潮红。血清钠128 mmol/L。

(1) 评估患儿脱水程度及性质,如何进行补液?

(2) 如何对患儿家长进行饮食及皮肤护理宣教?

(宋祥芳 陈玉瑛)

第八章

呼吸系统疾病患儿的护理

学习要点

- **掌握**：肺炎、支气管哮喘的临床表现、护理诊断、护理措施。
- **熟悉**：急性支气管炎的临床表现、护理措施。
- **了解**：儿童呼吸系统解剖生理特点。

第一节 急性上呼吸道感染

一、概述

1. 解剖特点　　鼻及喉血管丰富，鼻无鼻毛，易受感染致肿胀；咽鼓管宽、直、短，水平位，感染时易并发中耳炎；下呼吸道管腔相对狭窄，软骨柔软，血管丰富，黏液分泌不足，清除力差，易发生感染。

2. 生理特点　　婴幼儿呈腹膈式呼吸。不同年龄儿童呼吸频率：新生儿(40～44次/分)，1个月～1岁(30次/分)，1～3岁(24次/分)，4～7岁(22次/分)，8～14岁(20次/分)。

3. 免疫特点　　非特异性免疫功能和特异性免疫功能均较差，故易患呼吸道感染。

4. 呼吸系统检查时的重要体征

(1) 呼吸频率：是婴儿呼吸困难的第一征象，年龄越小越明显。呼吸急促是指：幼婴<2个月，呼吸≥60次/分；2～12个月龄，呼吸≥50次/分；1～5岁，呼吸≥40次/分。出现呼吸慢或呼吸不规则是危险征象。

(2) 呼吸音：儿童特别是小婴儿由于胸壁薄，容易听到呼吸音。严重气道梗阻时，几乎听不到呼吸音，称闭锁肺，是病情危重的征象。

(3) 发绀。

(4) 吸气时胸廓凹陷。

(5) 吸气喘鸣。

(6) 呼气呻吟。

急性上呼吸道感染简称上感，主要是指鼻、鼻咽和咽部的急性感染。

二、临床表现

1. 一般类型上感　　主要表现为发热、畏寒、头痛、食欲缺乏；鼻部症状；咽部不适及腹泻、腹痛等。轻症：只有局部症状和体征，主要表现为鼻咽部症状；重症：表现为全身不适，尤其是婴幼儿。

笔记栏

2. 两种特殊类型上感

（1）疱疹性咽峡炎：多由柯萨奇病毒 A 引起。表现为高热，咽痛，咽部充血，软腭、咽腭弓、悬雍垂可见数个疱疹，疱疹破溃后形成小溃疡，周围伴红晕。

（2）咽-结合膜热：由腺病毒引起。表现为发热、咽炎、结合膜炎。

三、实验室检查与其他辅助检查

外周血检查：病毒性感染，白细胞计数常正常或偏低；细菌感染时可有白细胞计数与中性粒细胞增多。

四、治疗

自限性疾病，无须特殊治疗；继发细菌感染或发生并发症者可选用抗生素。应注意休息，多饮温开水，做好呼吸道隔离及对症治疗。

五、护理诊断

1. 体温过高　　与上呼吸道感染有关。
2. 舒适的改变：咽痛、鼻塞　　与炎症有关。
3. 潜在并发症：高热惊厥、急性肾小球肾炎、风湿热、支气管炎等

六、护理措施

（1）卧床休息，多饮温开水，饮食清淡，少食多餐。患儿鼻塞时，可在喂乳及临睡前用 0.5% 的麻黄碱溶液滴鼻。

（2）发热的护理：监测体温，体温超过 38.5℃ 时按医嘱给予退热药，预防高热惊厥，并观察记录用药效果。出汗后及时给患儿用温水擦浴，更换汗湿的衣服。加强口腔护理。

（3）病情观察：密切观察病情变化，注意并发症的早期表现。

七、健康指导

指导家长合理喂养，增强体质，避免受凉。

第二节　急性支气管炎

一、概述

急性支气管炎是指各种病原体引起的支气管黏膜感染，因气管常同时受累，故又称为急性气管-支气管炎。主要是由各种病毒、细菌或病毒及细菌引起的混合感染。

二、临床表现

起病可急可缓，大多先有上感的症状，之后以咳嗽为主要表现。婴幼儿症状较重，常有发热，体温高低不一，可伴有呕吐、腹泻等消化道症状。肺部听诊呼吸音粗糙，或有少许散在干、湿啰音。啰音的特点是易变，常在体位改变或咳嗽后减少甚至消失。一般无气促和发绀。

三、实验室检查与其他辅助检查

胸部 X 线检查，血常规检查。

四、治疗

主要是对症治疗和控制感染。经常变换体位,多饮水,刺激性咳嗽可用复方甘草合剂,痰黏稠时可用氨溴索。细菌感染时,可适当选用抗生素。

五、护理诊断

1. 体温过高　　与病毒或细菌感染有关。
2. 清理呼吸道无效　　与痰液黏稠不易咳出有关。
3. 舒适度减弱:咳嗽、胸痛　　与支气管炎症有关。

六、护理措施

保持室内空气新鲜,温湿度适宜。注意休息,卧床时须经常更换体位,鼓励患儿多饮水,予营养丰富易消化的饮食。注意观察呼吸变化,若有呼吸困难、发绀,应给予吸氧。观察咳嗽、咳痰的性质,指导并鼓励患儿有效咳嗽;对咳嗽无力的患儿,经常更换体位,拍背;痰液黏稠可采用超声雾化吸入;必要时吸痰;注意观察药物的疗效及不良反应。加强营养,增强体质。

第三节　肺　炎

一、概述

肺炎是指不同病原体及其他因素(如吸入羊水、过敏等)所引起的肺部炎症。常见的病原体为病毒和细菌。肺炎的分类:按病理分为大叶性肺炎、小叶性肺炎(支气管肺炎)、间质性肺炎等;按病因可分为感染性肺炎、非感染性肺炎;按病程分为病程<1个月的急性肺炎、病程1~3个月的迁延性肺炎、病程>3个月的慢性肺炎;按病情分为轻症肺炎、重症肺炎;按临床表现典型与否分为典型性肺炎、非典型肺炎;按肺炎发生的地区分为社区获得性肺炎、院内获得性肺炎。本节重点讲解支气管肺炎。

二、支气管肺炎

(一) 临床表现

1. 呼吸系统症状和体征　　主要表现为发热、咳嗽、气促、肺部固定的中、细湿啰音。
2. 循环系统表现　　轻度缺氧可致心率增快;重症肺炎可合并心肌炎、心力衰竭。
3. 神经系统表现　　轻度缺氧表现为精神萎靡、烦躁不安或嗜睡;脑水肿时,出现意识障碍、惊厥。
4. 消化系统表现　　轻者常有食欲减退、吐泻、腹胀等;重者可发生中毒性肠麻痹。有消化道出血时,可吐咖啡渣样物,粪便潜血试验阳性或柏油样便。
5. 弥散性血管内凝血　　重症患儿可出现弥散性血管内凝血(disseminated intravascular coagulation, DIC)。

(二) 辅助检查

1. 实验室检查与其他外周血检查　　病毒性肺炎白细胞大多正常或降低;细菌性肺炎白细胞总数及中性粒细胞常增高。

2. 病原学检查　　采集痰液、血液、气管分泌物、胸腔穿刺液、肺穿刺液等做细菌培养和鉴定或病态分离鉴定等。

3. 胸部X线检查　　早期可见肺纹理增粗,以后出现大小不等的斑片状阴影,可融合成片,以双肺下野、中内带多见。

(三) 治疗

根据不同病原体选择抗生素。重者宜静脉给药。有缺氧症状时应及时吸氧;发热、咳嗽、咳痰者,给予退热、止咳、祛痰;喘憋严重者可用支气管解痉剂;腹胀伴低钾者及时补钾;中毒性肠麻痹者禁食、胃肠减压;无机械性肠梗阻时可皮下注射新斯的明等;纠正水电解质、酸碱失衡。

(四) 护理诊断

1. 体温过高　　与感染有关。
2. 清理呼吸道无效　　与肺部炎症、痰液黏稠有关。
3. 气体交换受损　　与肺部炎症造成的通气和换气障碍有关。
4. 潜在并发症:心力衰竭、中毒性脑病、中毒性肠麻痹

(五) 护理措施

(1) 保持空气清新,温度、湿度适宜,嘱患儿卧床休息,呼吸困难者取半卧位,经常变换体位。补充营养及水分。

(2) 保持呼吸道通畅,及时清除鼻痂及鼻腔分泌物,痰液黏稠不易咳出时给予雾化吸入。必要时吸痰。

(3) 有缺氧表现的患儿应及早给氧,一般采用鼻前庭导管给氧,氧流量为 $0.5 \sim 1$ L/min。发热的护理同上呼吸道感染。注意观察患儿神志、面色、呼吸、心音、心率等变化及有否心力衰竭的表现及神经系统、消化系统受累的表现。

(4) 肺炎患儿常需要从静脉补充热量和水分,纠正水电解质紊乱或由静脉滴注抗生素治疗。注意静脉补液速度宜慢,一般不超过 5 mL/(kg·h),防止肺水肿和心力衰竭,所以必须严格控制静脉点滴速度。

(六) 健康指导

提倡到户外活动,避免受凉。呼吸道疾病流行期间,尽量不去公共场所。

三、几种不同病原体所致肺炎的特点

1. 呼吸道合胞病毒性肺炎　　由呼吸道合胞病毒感染所致。轻者发热及呼吸困难等症状不重,重者有明显的呼吸困难、喘憋、口周发绀、鼻翼扇动、三凹征及不同程度的发热。肺部听诊多有中、细湿啰音。X线表现为两肺可见小点片状、斑片状阴影。白细胞总数大多正常。

2. 腺病毒肺炎　　由腺病毒感染引起。临床主要特点为起病急,高热持续时间长,中毒症状重。多呈稽留热,体温在 1~2 d 之内即可达到 39℃ 以上,可持续 2~3 周。常出现肺实变体征,啰音出现较晚,咳嗽较剧,呈阵发性喘憋、呼吸困难、发绀等。肺部X线改变较肺部体征早,可见大小不等的片状阴影或融合成大病灶。

3. 金黄色葡萄球菌肺炎　　多见于新生儿及婴幼儿,病原体可由呼吸道侵入或经血行播散入肺。临床起病急,病情重,进展快,中毒症状明显。多呈弛张热。肺部体征出现较早。易出现肺脓肿、脓胸、脓气胸、肺大泡。外周血白细胞数明显增高,中性粒细胞增高,有核左移并发中毒颗粒。

4. 肺炎支原体肺炎　　由肺炎支原体感染所致。病初有全身不适、乏力、头痛等症状,2~3 d 后出现发热,体温常达 39℃ 左右,可持续 1~3 周。常伴有咽痛和肌肉酸痛。除发热外,初期有刺激性干咳为突出表现,有的类似百日咳样咳嗽。体征轻微而胸片阴影显著是本病征之一。胸部X线改变大体分为 4 种:① 肺门阴影增浓为突出表现;② 支气管肺炎改变;③ 间质性肺炎改变;④ 均一的片状影。

第四节 支气管哮喘

一、概述

支气管哮喘,简称哮喘,是由嗜酸性粒细胞、肥大细胞和 T 细胞等多种细胞参与的气道慢性炎症性疾病。哮喘可分为急性发作期、慢性持续期和临床缓解期。遗传过敏体质与本病有密切的关系。哮喘的发病机制复杂,主要为慢性气道炎症、气流受限及气道高反应性。气道高反应性是哮喘的基本特征之一,指气道对多种刺激因素,如过敏原、理化因素、运动和药物等呈现高度敏感状态。诱因包括接触、吸入或食入过敏原、感染、强烈的情绪变化、运动和过度通气、药物因素等。

二、临床表现

典型症状是咳嗽、胸闷、喘息及呼吸困难,呈阵发性发作,以夜间和(或)晨起为重。发作前常有刺激性干咳、喷嚏、流泪、胸闷等先兆症状,随后出现咳嗽、喘息,接着咳大量白色黏痰,伴有呼气性呼吸困难和喘鸣声。重者烦躁不安、面色苍白、鼻翼扇动、口唇及指甲发绀、呼吸困难,甚至大汗淋漓,被迫采取端坐位。体检可见桶状胸、三凹征,同时颈静脉显著怒张。听诊呼吸音减弱,全肺可闻哮鸣音及干性啰音。发作间歇期多数患儿可无任何症状和体征。

若哮喘严重发作,经合理应用缓解药物后仍有严重或进行性呼吸困难者,称为哮喘危重状态(哮喘持续状态)。此时,由于通气量减少,两肺几乎听不到呼吸音,称"闭锁肺",是支气管哮喘最危险的体征。

三、实验室检查与其他辅助检查

(1) 血及痰中嗜酸性粒细胞增多,IgE 明显升高。

(2) 肺功能检查显示肺总容量、残气量增加,肺活量减少。若显示可逆性气流受限,是诊断支气管哮喘的有利依据。

(3) 血氧张力或饱和度可以降低,二氧化碳张力于过度换气时减低,严重梗阻时明显升高。

(4) 特异性过敏原诊断:皮肤试验是诊断变态反应的首要手段,血清特异性 IgE 测定可了解患儿过敏状态。

四、治疗

治疗原则为坚持长期、持续、规范、个体化治疗。

1. 去除病因　　避免接触过敏原,去除各种诱发因素,积极治疗和清除感染病灶。

2. 急性发作期治疗

(1) 糖皮质激素:是最有效的抗炎药物。

(2) 支气管扩张剂

1) β_2 受体激动剂:常用药物有沙丁胺醇(硫酸沙丁胺醇、特布他林等),吸入治疗是首选的治疗方法。

2) 茶碱类药物:静脉滴注氨茶碱可作为儿童危重哮喘附加治疗的选择。

3) 抗胆碱药物:如溴化异丙托品,可与 β_2 受体激动剂联合吸入。

(3) 抗生素:疑伴呼吸道细菌感染时,选用适当的抗生素。

3. 哮喘慢性持续期治疗

(1) 吸入型糖皮质激素:是目前长期哮喘控制最有效的首选药。常用的有丙酸倍氯米松、布地

笔记栏

奈德、丙酸氟替卡松。

(2) 白三烯受体拮抗剂：常用的有孟鲁司特和扎鲁司特。

(3) 缓释茶碱：口服茶碱与糖皮质激素、抗胆碱药有协同作用。

(4) 长效 β_2 受体激动剂：临床最有效的支气管舒张剂，常用的有福莫特罗、沙美特罗、班布特罗等。

(5) 肥大细胞膜稳定剂：常用的药物是色甘酸钠。

(6) 全身性糖皮质激素：长期使用高剂量吸入型糖皮质激素加吸入型长效 β_2 受体激动剂及其他控制药物疗效欠佳的情况时可短期使用。

4. 哮喘持续状态的治疗　　给氧、补液、纠正酸中毒。早期、较大剂量全身应用糖皮质激素可在 2~3 d 内控制气道炎症。亦可静脉滴注氨茶碱、吸入 β_2 受体激动剂、肾上腺素皮下注射，以缓解支气管痉挛。严重的持续性呼吸困难者可给予机械呼吸。

五、护理诊断

1. 清理呼吸道无效　　与呼吸道分泌物黏稠、体弱无力排痰有关。
2. 低效性呼吸型态　　与支气管痉挛、气道阻力增加有关。
3. 焦虑　　与哮喘反复发作有关。
4. 知识缺乏　　与缺乏有关哮喘的防护知识有关。
5. 睡眠型态紊乱　　与呼吸困难、环境刺激有关。

六、护理措施

1. 环境与休息　　保持室内空气清新，温湿度适宜，护理操作应尽可能集中进行。
2. 维持呼吸道通畅，缓解呼吸困难　　患儿采取坐位或半卧位，以利于呼吸，给予鼻导管或面罩吸氧；遵医嘱给予支气管扩张剂和糖皮质激素；给予雾化吸入；必要时吸痰；保证患儿摄入足够的水分，以降低分泌物的黏稠度，防止痰栓形成；有感染者，遵医嘱给予抗生素治疗；教会并鼓励患儿做深而慢的呼吸运动。
3. 密切观察病情变化　　监测生命体征，注意呼吸困难的表现。
4. 心理护理　　守护并安抚患儿，解释哮喘的诱因、治疗过程及预后，缓解患儿的恐惧心理。

七、健康指导

指导进行腹式呼吸、向前弯曲运动及胸部扩张运动等呼吸运动；增强体质，预防呼吸道感染，避免接触过敏原，去除各种诱发因素；指导患儿及家长辨识哮喘发作先兆、症状，并能简单及时自我护理、正确安全地用药。

知识拓展

儿童支气管哮喘的诊断标准[*]

(1) 反复发作喘息、咳嗽、气促、胸闷，多与接触变应原、冷空气、物理、化学性刺激、呼吸道感染及运动等有关，常在夜间和(或)清晨发作或加剧。

(2) 发作时在双肺可闻及散在或弥漫性、以呼气相为主的哮鸣音，呼气相延长。

(3) 上述症状和体征经抗哮喘治疗有效或自行缓解。

(4) 除外其他疾病所引起的喘息、咳嗽、气促和胸闷。

(5) 临床表现不典型者(如无明显喘息或哮鸣音)，应至少具备以下 1 项：

1) 支气管激发试验或运动激发试验阳性。

2) 证实存在可逆性气流受限：① 支气管舒张试验阳性：吸入速效 β_2 受体激动剂(如沙丁胺

醇)后 15 min 第 1 秒用力呼气量(FEV_1)增加≥12%；② 抗哮喘治疗有效：使用支气管舒张剂和口服(或吸入)糖皮质激素治疗 1~2 周后，FEV_1 增加≥12%。

3) 最大呼气流量(PEF)每日变异率(连续监测 1~2 周)≥20%。

符合第(1)~(4)条或第(4)、(5)条者，可以诊断为哮喘。

* 引自：中华医学会儿科学分会呼吸学组《中华儿科杂志》编辑委员会.儿童支气管哮喘诊断与防治指南.中华儿科杂志,2008,46(10)：745-753.

患儿，女，5 岁，因"咳嗽、咳痰 1 天、喘息 3 小时"入院。患儿 1 d 前春游后出现打喷嚏、流眼泪、咳嗽、咳白色黏痰，家属未予重视。3 h 前晨起后在咳嗽后出现喘息，遂门诊就诊。门诊以"儿童支气管哮喘?"收治入院。患儿婴儿期有湿疹史，既往有反复咳嗽、喘息史，以冬、春季节多发。患儿稍烦躁，不能平卧。体格检查 T 36.8℃，P 120 次/分，R 36 次/分。胸廓饱满，叩诊呈鼓音，听诊两肺呼吸音减弱，可闻及广泛呼气相哮鸣音。胸片显示双肺透亮度增加。辅助检查 WBC $10×10^9$/L，N 0.75，E 0.06。

【问题】

(1) 该患儿哪些症状、体征和辅助检查结果提示支气管哮喘的可能？

(2) 导致该患儿发病的可能诱因有哪些？

【分析与解答】

1. 以下症状、体征和辅助检查提示支气管哮喘的可能。

(1) 可能接触过敏原(春游后发生)。

(2) 既往史(患儿有湿疹史、反复哮喘史，以冬春季节多见)。

(3) 哮喘症状(打喷嚏、流眼泪、咳嗽、咳白色黏痰症状)。

(4) 哮喘体征(查体示胸廓饱满，叩诊呈鼓音，听诊两肺呼吸音减弱，可闻及广泛呼气粗哮鸣音)。

(5) 哮喘胸片表现(胸片显示双肺透亮度增加)。

(6) 哮喘实验室结果(辅助检查 WBC $10×10^9$/L，N 0.75，E 0.06)。

2. 导致该患儿发病的可能诱因：春游接触过敏原。

小 结

1. 肺炎
   - 临床表现
     - 主要表现为发热、咳嗽、气促、肺部固定的中、细湿啰音
     - 重症肺炎可合并心肌炎、心力衰竭，甚至可出现弥散性血管内凝血
   - 护理
     - 保持呼吸道通畅
     - 有缺氧表现的患儿应及早给氧
     - 防止并发症发生

2. 支气管哮喘
   - 典型症状：咳嗽、胸闷、喘息及呼吸困难，呈阵发性发作，以夜间和晨起为重
   - 治疗
     - 去除各种诱发因素是预防支气管哮喘发作的关键
     - 局部吸入糖皮质激素是目前控制哮喘的最有效的方法
   - 护理
     - 环境与休息
     - 维持气道通畅，缓解呼吸困难
     - 心理护理

笔记栏

【思考题】

患儿,女,10个月,因"发热伴咳嗽1周,加重2天"入院,体检:体温39.5℃,脉搏150次/分,呼吸50次/分,口周发绀,呈刺激性咳嗽,两肺有细湿啰音,呼吸音减低,曾用青霉素3d无效。胸片示左上肺小片状淡薄云絮状阴影。

(1) 根据患儿临床表现,考虑该患儿的临床诊断是什么?

(2) 针对该患儿首要的护理诊断及应立即采取的护理措施是什么?

(倪春梅 陈玉瑛)

第九章

循环系统疾病患儿护理

学习要点

- **掌握**：① 儿童心率、血压的正常值范围；② 先天性心脏病的临床分型及临床表现；③ 常见先天性心脏病的护理措施；④ 病毒性心肌炎的临床表现。
- **熟悉**：① 室间隔缺损、房间隔缺损、动脉导管未闭、法洛四联症的临床特征、治疗原则；② 病毒性心肌炎的护理措施；③ 出生后血液循环的改变。
- **了解**：胎儿血液循环特点。

第一节 先天性心脏病

一、概述

1. 胎儿血液循环及出生后改变　　胎儿血液循环特点：① 营养及气体交换均通过胎盘-脐循环进行；② 静脉导管、卵圆孔、动脉导管是胎儿循环的特殊通道；③ 胎儿体内大多是混合血，肝脏血氧含量最高，心、脑、上半身次之，腹腔脏器及下半身最低；④ 只有体循环，无有效肺循环，左右心都向全身供血。

出生后血液循环的主要改变：① 胎盘血液循环停止而肺循环建立,肺血流量明显增多,血液气体交换由胎盘转移至肺；② 生后5~7个月时，卵圆孔解剖上大多闭合；③ 生后3个月80%的婴儿，1岁时95%的婴儿动脉导管形成解剖上的闭合。心血管畸形的形成关键时期是胚胎2~8周。

2. 正常各年龄小儿心率、血压的特点

(1) 心率：随年龄增长心率逐渐减慢,新生儿平均120~140次/分,1岁以内110~130次/分,2~3岁100~120次/分,4~7岁80~100次/分,8~14岁70~90次/分。

(2) 血压：新生儿收缩压60~70 mmHg,1岁时70~80 mmHg,2岁以后收缩压按公式计算,收缩压(mmHg)=年龄×2+80 mmHg。收缩压的2/3为舒张压。收缩压高于此标准20 mmHg为高血压。低于此标准20 mmHg为低血压。下肢的血压比上肢约高20 mmHg。

3. 常见先天性心脏病类型　　先天性心脏病是胎儿时期心脏及大血管发育异常而致先天性畸形。以室间隔缺损最多见。病因尚未完全明确,目前认为可能与遗传和环境因素及其相互作用相关。根据左右心腔或大血管间有无直接分流和临床有无青紫,可分为以下3类。

(1) 左向右分流型(潜伏青紫型)：常见的有室间隔缺损(VSD)、房间隔缺损(ASD)和动脉导管未闭(PDA)等。

(2) 右向左分流型(青紫型)：常见的有法洛四联症(TOF)和大动脉错位。

(3) 无分流型(无青紫型)：常见主动脉缩窄和肺动脉狭窄(PS)等。

二、临床表现

各先天性心脏病血流动力学：VSD(图9-1)、ASD(图9-2)、PDA(图9-3)、TOF(图9-4)。

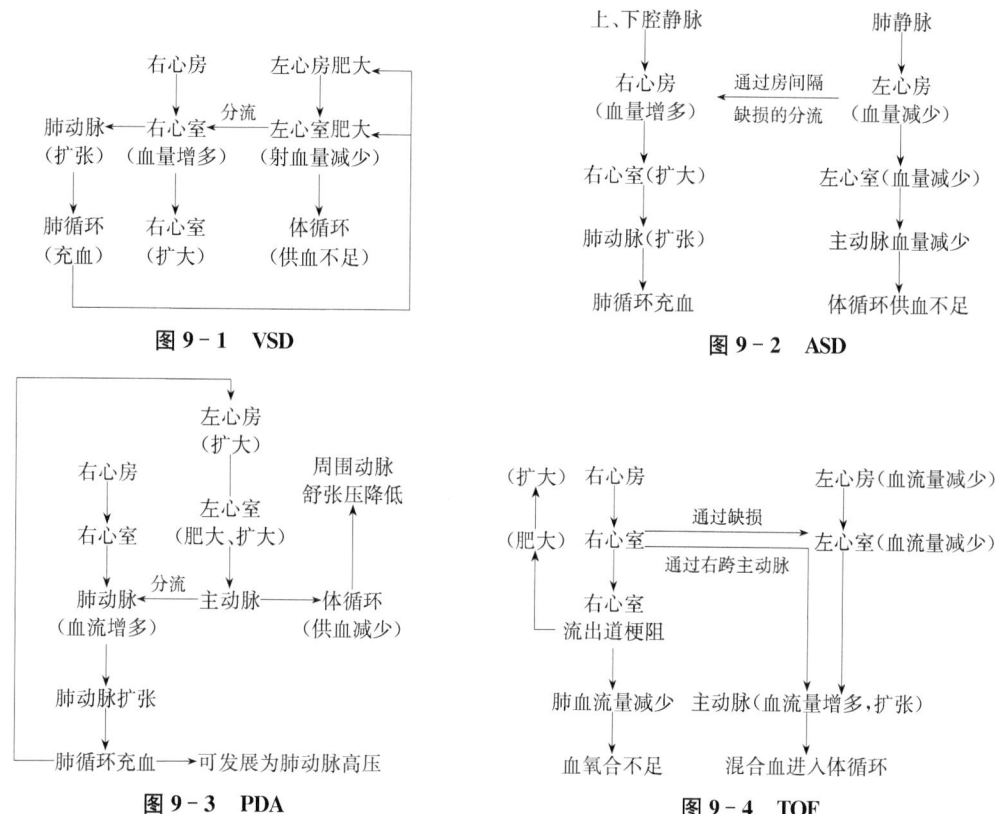

图9-1 VSD　　图9-2 ASD　　图9-3 PDA　　图9-4 TOF

1. **左向右分流型**　缺损小，无症状；缺损大，分流量多者一般情况无青紫，当出现肺动脉高压，右心压力超过左心时出现暂时性青紫；晚期持续青紫(艾森曼格综合征)，动脉导管未闭者出现差异性青紫、周围血管征；肺循环血量增加，易患肺炎；体循环血量减少，致发育落后。

(1) 体征：ASD胸骨左缘第2～3肋间，收缩期Ⅱ～Ⅲ级柔和吹风样杂音，传导范围小，P2亢进、固定分裂。VSD胸骨左缘第3～4肋间收缩期Ⅱ～Ⅳ级粗糙吹风样杂音，传导范围广；P2亢进；有震颤。PDA胸骨左缘第2肋间收缩期和舒张期Ⅱ～Ⅳ级机器样杂音，向颈部传导；P2亢进；有震颤。

(2) 并发症：ASD有肺炎、心律失常、肺动脉高压、心力衰竭等；VSD有支气管肺炎、心力衰竭、肺水肿、感染性心内膜炎等；PDA有心力衰竭、感染性心内膜炎、肺血管病变等。

2. **右向左分流型**　大量静脉血进入体循环致发育落后、青紫、蹲踞、缺氧发作。TOF常见。

(1) 体征：胸骨左缘第2～4肋间收缩期Ⅱ～Ⅳ级喷射样杂音，传导范围广；P2减低；可有震颤。

(2) 并发症：脑血栓、脑脓肿、感染性细菌性心内膜炎等。

3. **无分流型**　无青紫。轻度一般无症状；中度以上疲乏、气促、晕厥、猝死；重症右心衰竭表现。PS常见。

(1) 体征：胸骨左缘第2～3肋间收缩期Ⅱ～Ⅳ级喷射样杂音，向颈部传导；有震颤。

(2) 并发症：心力衰竭等。

三、实验室检查与其他辅助检查

1. **X线检查**　ASD右心房、右心室大，肺动脉段凸出，肺野充血，可见肺门舞蹈；VSD双室大，左心房可大，肺动脉段凸出，肺野充血，可见肺门舞蹈；PDA左心室大、左心房可大，肺动脉段凸出,肺野充血,可见肺门舞蹈;TOF 右心室大,心尖上翘呈靴形,肺动脉段凹陷,肺野清晰,无肺门舞蹈;PS 右心室大,肺动脉段凸出,肺野清晰。

2. 心电图　　ASD 有不完全性右束支传导阻滞,右心室大;VSD 正常,可有左心室或双室大;PDA 左心室大、左心房可大;TOF 右心室大;PS 轻者正常,右心室可大。

3. 心脏超声　　ASD 房间隔回声中断;VSD 室间隔回声中断;PDA 主肺动脉和降主动脉有交通;TOF 室间隔回声中断,主动脉骑跨于室间隔上,右流出道狭窄,右心室壁、室间隔肥厚;PS 右心室、右心房内径增宽,右心室前壁及室间隔增厚。

4. 血常规　　TOF 外周血红细胞计数和血红蛋白量明显增高。

四、治疗

ASD、VSD 及 PDA 早期有自然闭合可能,可经介入性心导管术,影响生长发育者行缺损修补术;PDA 早产儿可予吲哚美辛促使导管闭合;TOF 及时处置缺氧发作,以根治手术为主;PS 重症者新生儿可予前列环素 E1 开放动脉导管,经皮穿刺心导管球囊扩张成形术为首选治疗方式,必要时及早外科手术。

五、护理诊断

1. 活动无耐力　　与体循环血量减少或血氧饱和度下降有关。
2. 营养失调:低于机体需要量　　与喂养困难及体循环血量减少、组织缺氧有关。
3. 生长发育迟缓　　与体循环血量减少或血氧下降有关。
4. 有感染的危险　　与肺血增多及心内缺损易致心内膜损伤有关。
5. 潜在并发症:心力衰竭、感染性心内膜炎、脑血栓

六、护理措施

1. 休息　　病情严重者应卧床休息。集中护理,避免情绪激动,保证睡眠、休息,减少心脏负担。

2. 营养支持　　少量多餐,避免呛咳和呼吸困难,心功能不全有水钠潴留者,采用无盐饮食或低盐饮食。

3. 预防感染　　保护性隔离,观察体温变化,避免呼吸系统感染。做各种口腔小手术时,应给予抗生素预防感染,防止感染性心内膜炎发生,一旦发生感染应积极治疗。

4. 注意观察病情,防止并发症发生

（1）法洛四联症患儿血液黏稠度高,血液浓缩易形成血栓,因此要注意供给充足液体,必要时可静脉输液。

（2）法洛四联症患儿缺氧发作处理:① 轻者置患儿于膝胸位即可缓解;② 及时吸氧并保持患儿安静;③ 皮下注射吗啡 0.1~0.2 mg/kg,可抑制呼吸中枢和消除呼吸急促;④ 静脉应用碳酸氢钠,纠正代谢性酸中毒;⑤ 重者可静脉缓慢注射 β 受体阻滞剂普萘洛尔(心得安)减慢心率,缓解发作。口服普萘洛尔可预防缺氧发作。

（3）如出现心率增快、呼吸困难、端坐呼吸、咳泡沫样痰、水肿、肝大等心力衰竭的表现,立即置患儿于半卧位,给予吸氧,及时与医生联系,并按心力衰竭护理。

七、健康指导

预防先天性心脏病应加强孕妇保健工作,特别在妊娠早期积极预防风疹、流感等病毒性疾病,避免与发病有关的高危因素接触,慎用药物。指导家长掌握先天性心脏病的日常护理,建立合理的生活制度,合理用药,预防感染和其他并发症。定期复查,调整心功能到最好状态,使患儿能安全到达手术年龄,安全渡过手术关。

笔记栏

第二节　病毒性心肌炎

一、概述

病毒性心肌炎是指病毒侵犯心肌，引起心肌细胞变性、坏死和间质炎症。主要为肠道和呼吸道病毒感染，尤以柯萨奇病毒B族多见。

二、临床表现

1. **轻症患儿**　可无自觉症状，仅有心电图改变。
2. **典型表现**　在起病前2周内常有上呼吸道或肠道等病毒感染史。心肌炎一般表现为精神萎靡、疲乏无力、恶心呕吐、腹痛、气促、心悸和心前区不适或胸痛；重者可因严重心律失常、暴发心源性休克、急性心力衰竭，可在数小时或数日内死亡。体格检查示心尖部第一心音低钝，出现奔马律，心动过速或过缓，伴心包炎者可听到心包摩擦音，心界正常或扩大，严重时甚至血压下降，脉压低。

三、实验室检查与其他辅助检查

1. **X线检查**　透视下心搏动减弱，胸片示心影正常或增大，合并大量心包积液时心影显著增大。
2. **心电图检查**　呈QRS波群低电压，多导联ST段偏移，T波低平、双向或倒置，QT间期延长等。
3. **实验室检查与其他辅助检查**　心肌肌钙蛋白T(cTnT)升高，是心肌损伤的特异性标志。

四、治疗

本病目前尚无特效治疗，一般多采取综合性治疗措施，强调卧床休息，减轻心脏负荷。

肾上腺皮质激素用于急重病例，常用泼尼松口服，每天2 mg/kg，共1～2周，缓解后渐减量至24周停药。丙种球蛋白用于重症病例，2 g/kg，单剂24 h静脉缓慢滴注。维生素C、辅酶Q10、1,6-二磷酸果糖(FDP)等保护心肌和清除自由基。控制心力衰竭常用地高辛或毛花苷C，剂量应偏小。

五、护理诊断

1. **活动无耐力**　与心肌收缩力下降，组织供氧不足有关。
2. **潜在并发症**：心律失常、心力衰竭、心源性休克

六、护理措施

（1）急性期卧床休息，重症患儿应延长卧床时间，至少3个月，待心脏缩小、情况好转后再逐渐开始活动。

（2）密切观察和记录患儿精神状态、面色、心率、心律、呼吸、体温和血压变化。必要时给予吸氧、镇静。血管活性药物应泵入，以避免血压过大的波动。使用利尿剂时，注意电解质平衡。

七、健康指导

强调休息对心肌炎恢复的重要性，告知预防呼吸道感染和消化道感染的常识。带抗心律失常药物出院者，应告知药物的名称、剂量、用药方法及其不良反应。嘱咐患儿出院后定期到门诊复查。

笔记栏

知识拓展

先心病的介入性心导管术[*]

介入性心导管术是通过特定的导管及装置,由外周血管进入所需治疗的心血管腔内,以替代传统的外科手术的治疗方法,成为先心病治疗的重要手段。国际上对儿童常见先心病介入治疗(经皮球囊肺动脉瓣成形术、经皮球囊主动脉瓣成形术、经皮主动脉缩窄球囊血管成形术、动脉导管未闭封堵术、继发孔型房间隔缺损封堵术及室间隔缺损封堵术等)各型手术的指征、操作要点、常见并发症及随访等均进行论证,并形成了一系列指南。

[*] 引自:中国医师协会儿科医师分会先天性心脏病专家委员会,中华医学会儿科学分会心血管学组,中华儿科杂志编辑委员会.儿童常见先天性心脏病介入治疗专家共识.中华儿科杂志,2015,53(1):17-24.

案例分析

患儿,女,2岁,发热、咳嗽2 d,今晨哭闹后突然出现抽搐入院。既往体弱,支气管肺炎每年3次以上,有先天性心脏病史。查体:体重8 kg,体温37.8℃,咽充血,心前区隆起,体征:胸骨左缘第2~4肋间可闻及收缩期Ⅱ~Ⅳ级喷射样杂音,传导范围广;P2减低;有震颤。双肺未闻及干湿啰音,指(趾)端发绀明显,胸部X线检查,肺段凹陷,肺心血影缩小,肺野透亮度增加,呈网状肺纹理,"靴形"心。

【问题】
(1) 根据该患儿临床表现,考虑患有何种先天性心脏病?
(2) 该患儿为何发生抽搐?该如何紧急处置?

【分析与解答】
(1) 法洛四联症:缺氧发作,既往体弱,支气管肺炎每年3次以上,有先天性心脏病史。瘦弱,心前区隆起,胸骨左缘第2~4肋间可闻及收缩期Ⅱ~Ⅳ级喷射样杂音,传导范围广,P2减低,有震颤。指(趾)端发绀明显,胸部X线检查,肺段凹陷,肺心血影缩小,肺野透亮度增加,呈网状肺纹理,"靴形"心。

(2) 抽搐因为患儿哭闹,在肺动脉漏斗部狭窄的基础上,突然发生该处肌肉痉挛,一过性肺动脉梗阻,使脑缺氧加重,缺氧发作所致。缺氧发作处理:① 轻者置患儿于膝胸位即可缓解;② 及时吸氧并保持患儿安静;③ 皮下注射吗啡0.1~0.2 mg/kg,可抑制呼吸中枢和消除呼吸急促;④ 静脉应用碳酸氢钠,纠正代谢性酸中毒;⑤ 重者可静脉缓慢注射β受体阻滞剂普萘洛尔(心得安)减慢心率,缓解发作。

小 结

1. 先天性心脏病 — 分型
   - 左向右分流型:一般情况无青紫,晚期持续青紫,动脉导管未闭者出现差异性青紫、周围血管征,易患肺炎,体格发育落后
   - 右向左分流型:可出现青紫、蹲踞、缺氧发作、发育落后;血液浓缩易发生血管栓塞
   - 无分流型:无青紫,轻度一般无症状;中度以上出现疲乏、气促、晕厥、猝死;重症有右心衰竭表现

(转下页)

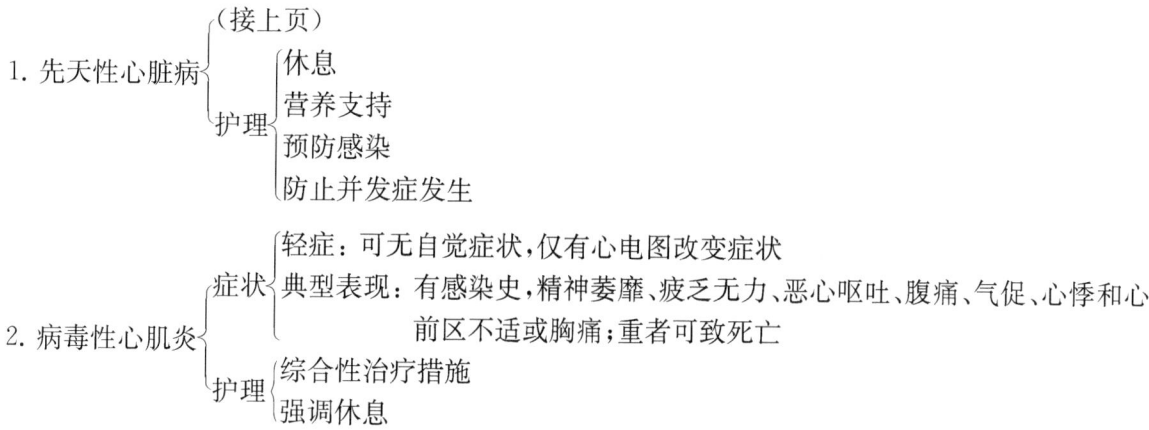

【思考题】

患儿,男,4岁,出生后即发现心脏杂音,哺乳期喂养困难,体重增加缓慢、多汗。平时稍一活动或爬楼即感气急、乏力。反复急性上呼吸道感染和肺炎。近2个月嗓音嘶哑。患儿为足月顺产,无窒息抢救史。出生体重3.2 kg,母乳喂养。其母诉孕2个月时曾有"急性上呼吸道感染"病史,否认妊娠最初3个月内有接触放射线及药物应用史。

体格检查:全身皮肤和黏膜未见青紫,胸骨左缘第3~4肋间闻及粗糙响亮Ⅲ级全收缩期杂音,肺动脉瓣区第二心音明显亢进。

(1) 患儿最可能的临床诊断是什么?哪些症状或体征能协助诊断?
(2) 患儿目前存在的主要护理诊断/问题是什么?
(3) 针对该患儿应采取哪些护理措施?

(倪春梅 陈玉瑛)

第十章

泌尿系统疾病患儿的护理

学习要点

- **掌握**：急性肾小球肾炎、原发性肾病综合征的概念、护理诊断、护理措施。
- **熟悉**：① 上述疾病的病因、发病机制、防治原则及健康指导；② 泌尿道感染的护理措施。
- **了解**：泌尿系统解剖生理特点。

第一节 急性肾小球肾炎

一、概述

1. **解剖特点** 小儿年龄越小，肾脏相对越重，婴儿肾脏位置较低，下极可低至髂嵴以下第 4 腰椎水平，2 岁后开始达髂嵴以上；输尿管长而弯曲，管壁肌肉和弹力纤维发育不良，容易受压及扭曲而导致梗阻，引起尿潴留而诱发感染；膀胱位置相对较高，随年龄增长，逐渐下降至骨盆内；新生女婴尿道长仅 1 cm，外口暴露且接近肛门，故易发生上行感染，男婴尿道虽较长，但常有包茎，尿垢积聚时也易引起上行性感染。

2. **生理特点** 新生儿及婴儿肾小管的功能不够成熟，在应激状态下，容易发生钠潴留和水肿。儿童 1~1.5 岁时，肾功能达成人水平。

3. **尿液特点** 儿童尿量个体差异较大。新生儿生后 48 h 正常尿量一般为每小时 1~3 mL/kg；婴儿为 400~500 mL/d；幼儿为 500~600 mL/d；学龄前期为 600~800 mL/d；学龄期为 800~1 400 mL/d。新生儿尿量每小时<1.0 mL/kg 为少尿，每小时<0.5 mL/kg 为无尿。婴幼儿<200 mL/d，学龄前期<300 mL/d，学龄儿<400 mL/d 为少尿；每天尿量<50 mL 均为无尿。正常婴幼儿尿色淡黄透明，pH 在 5~7。新生儿尿渗透压平均为 240 mmol/L，比重为 1.006~1.008，1 岁以后接近成人水平，儿童尿渗透压 500~800 mmol/L，尿比重范围为 1.003~1.030，通常为 1.011~1.025。正常儿童尿中仅含微量蛋白，定量不超过每天 100 mg，定性试验阴性；新鲜离心尿沉渣红细胞<3 个/HP，白细胞<5 个/HP，管型阴性。

4. **急性肾小球肾炎** 简称急性肾炎，是指一组病因不一，临床表现为急性起病，多有前驱感染，以血尿、水肿、高血压为主，伴不同程度蛋白尿或肾功能不全为特点的肾小球疾病。本病多由 A 组 β-溶血性链球菌中的"致肾炎菌株"感染后引起的免疫复合物性肾炎。

二、临床表现

1. **前驱感染** 以呼吸道及皮肤感染为主。

笔记栏

2. 典型表现　起病时可有低热、食欲减退、疲倦、乏力、头晕、腰部钝痛等症状。

(1) 水肿、少尿：常为最早出现的症状，先眼睑水肿而后渐及全身，为非凹陷性。尿量减少，甚至无尿。

(2) 血尿：起病几乎都有血尿，轻者仅有镜下血尿，50%~70%的病例有肉眼血尿。酸性尿呈茶色或烟蒂水样，中性或偏碱性尿呈洗肉水样。肉眼血尿常在1~2周内消失，后转为镜下血尿，可持续数月。

(3) 蛋白尿：程度不等，约有20%患儿达肾病水平。

(4) 高血压：一般学龄前儿童>120/80 mmHg，学龄儿>130/90 mmHg，1~2周内随着利尿即可降至正常。

3. 严重表现　少数患儿在疾病2周内出现下列严重症状。

(1) 严重循环充血：轻者仅有呼吸增快和肺部湿啰音，严重者出现呼吸困难、端坐呼吸、咳粉红色泡沫痰，两肺布满湿啰音，心脏扩大，心率增快，有时可出现奔马律，肝大而硬。

(2) 高血压脑病：血压急剧增高时，可出现高血压脑病。表现为剧烈头痛、烦躁不安、恶心、呕吐、复视或一过性失明，严重者出现惊厥、昏迷。

(3) 急性肾衰竭：严重少尿或无尿患儿可出现暂时性氮质血症、电解质紊乱和代谢性酸中毒。一般持续3~5 d，常不超过10 d。

三、实验室检查与其他辅助检查

1. 尿液检查　尿沉渣镜检有红细胞增多，尿蛋白+~+++，可见透明、颗粒或红细胞管型。

2. 血液检查　常见轻度贫血，血沉增快；抗链球菌溶血素"O"滴度上升；病程早期血清抗体CH_{50}和C_3多明显降低，于6~8周恢复正常。少尿期有轻度氮质血症，尿素氮、肌酐暂时升高。

3. 肾穿刺活检　对可能为急性肾炎或临床实验室检查不典型，或病情迁延者进行肾穿刺活体组织检查以确定诊断。

四、治疗

1. 一般治疗　休息及饮食(参见本书第十章第一节"护理措施"相关内容)。

2. 抗感染　应用青霉素肌注10~14 d，青霉素过敏者改用红霉素，避免使用肾毒性药物。

3. 对症治疗　在控制水、盐的入量后仍有水肿、少尿或高血压者应给予利尿剂，一般用氢氯噻嗪口服，1~2 mg/(kg·d)，分2~3次口服；凡经休息，控制水盐摄入及利尿处理而血压仍高者，舒张压高于90 mmHg时应给予降压药，首选硝苯地平口服，开始剂量0.25 mg/(kg·d)，最大剂量不超过1 mg/(kg·d)，分3次口服；高血压脑病首选硝普钠静脉点滴，5~20 mg溶于5%GS 100 mL溶液中，每分钟不宜超过1 μg/kg，以防发生低血压；严重循环充血可给予强心利尿剂，明显肺水肿时可予硝普钠(用法同上)；急性肾衰竭注意维持水电解质平衡，必要时透析。

五、护理诊断

1. 体液过多　与肾小球滤过率下降有关。
2. 活动无耐力　与水肿、血压升高有关。
3. 潜在并发症：高血压脑病、严重循环充血、急性肾衰竭
4. 知识缺乏　与患儿及家长缺乏本病的护理知识有关。

六、护理措施

1. 休息　起病2周内卧床休息，待水肿消退、血压正常、肉眼血尿消失后，可室内轻度活动或户外散步。3个月内避免剧烈活动，尿内红细胞减少，血沉正常可上学，避免体育活动，Addis计数正常后恢复正常生活。

笔记栏

2. 饮食　　对于水肿、血压高、尿少的患儿,适当限制盐和水的摄入,食盐以 60 mg/(kg·d)为主,水分一般以不显性失水加尿量计算;有氮质血症者应适当限制蛋白,可给优质动物蛋白 0.5 g/(kg·d),尿量增多。氮质血症消除后可恢复蛋白质供给,以保证儿童生长发育的需要。

3. 利尿、降压　　遵医嘱准确记录 24 h 尿量,应用利尿剂时每天测体重,快速降压时必须严格监测血压、心率,观察药物不良反应。使用硝普钠注意避光,现配现用。

4. 密切观察病情变化　　警惕发生高血压脑病、严重循环充血、急性肾衰竭。

七、健康指导

强调限制患儿活动是控制病情进展的重要措施,尤以前 2 周最为关键,并说明本病的预后良好,避免上呼吸道感染是本病预防的关键,一旦发生了感染,应及早应用抗生素彻底治疗。

第二节　肾病综合征

一、概述

肾病综合征简称肾病,是一组多种原因所致肾小球基底膜通透性增高,导致大量血浆蛋白自尿丢失引起的一种临床综合征。按病因可分为先天性、原发性和继发性三大类。临床具有四大特点:大量蛋白尿;低蛋白血症;高胆固醇血症;明显水肿。蛋白尿是本病最根本和最重要的病理生理改变,是导致肾病综合征其他三大临床特点的基本原因。大量血浆蛋白自尿中丢失是造成低蛋白血症的主要原因,低蛋白血症促进肝合成脂蛋白增加,以及其中大分子脂蛋白难以从肾排出形成高脂血症,由于低蛋白血症使血浆胶体渗透压降低,引起一系列变化导致水肿。本节重点介绍原发性肾病综合征。

二、临床表现

1. 单纯性肾病　　发病多见于学龄前期,水肿最常见,为就诊的主要原因。开始于眼睑、面部,渐及四肢全身,男孩常有阴囊显著水肿,重者可出现腹水、胸水、心包积液。水肿呈可凹性。水肿严重者可有少尿,一般无血尿及高血压。

2. 肾炎性肾病　　除具备肾病四大特征外,尚有明显血尿、高血压、血清补体下降和不同程度氮质血症。

3. 并发症　　① 感染:是本病最常见的并发症。② 电解质紊乱和低血容量:常见低钠、低钾、低钙血症。③ 高凝状态和血栓形成。④ 急性肾衰竭。⑤ 生长延迟:主要见于频繁复发和长期接受大剂量皮质激素治疗的患儿。

三、实验室检查与其他辅助检查

1. 尿液检查　　尿蛋白定性多在 +++ 及以上,大多可见透明管型和颗粒管型,肾炎性肾病患儿尿内红细胞可增多。24 h 尿蛋白定量 ≥ 50 mg/(kg·d),随机或晨尿尿蛋白/肌酐(mg/mg) ≥ 2.0。

2. 血液检查　　血浆总蛋白及清蛋白明显减少,血浆清蛋白 < 25 g/L;胆固醇明显增多 > 5.7 mmol/L;血沉明显增快;肾炎性肾病者可有血清补体降低;有不同程度的氮质血症。

四、治疗

1. 一般治疗　　包括休息、饮食、补充维生素及矿物质、防治感染。

笔记栏

2. 利尿　　氢氯噻嗪 2 mg/(kg·d),或螺内酯 3 mg/(kg·d),均分 3 次口服。亦可给呋塞米,每次 1~2 mg/kg,每 6~8 h 口服或肌内注射。

3. 糖皮质激素　　为治疗肾病的首选药物。

(1) 诱导缓解阶段:泼尼松 2 mg/(kg·d),最大剂量不超过每天 80 mg,分次口服或晨起顿服,疗程 6 周。

(2) 巩固维持阶段:改为以原足量 2 日量的 2/3,隔日晨顿服 4 周,如尿蛋白持续转阴,以后每 2~4 周减 2.5~5 mg,至 0.5~1 mg/kg 时维持 3 个月,以后每 2 周减 2.5~5 mg 直至停药。

4. 免疫抑制剂　　适用于激素部分敏感、耐药、依赖及复发的病例,首选环磷酰胺。

5. 抗凝治疗　　应用肝素钠、尿激酶、双嘧达莫等可防治血栓,减轻尿蛋白。

五、护理诊断

1. 体液过多　　与低蛋白血症导致的水钠潴留有关。
2. 营养失调:低于机体需要量　　与大量蛋白自尿中丢失有关。
3. 有感染的危险　　与免疫力低下有关。
4. 潜在并发症:电解质紊乱、血栓形成、药物不良反应
5. 焦虑　　与病情反复及病程长有关。

六、护理措施

1. 休息　　严重水肿和高血压时须卧床休息,腹水严重取半卧位。卧床期间经常变换体位,以防血栓形成。

2. 营养管理　　① 一般患儿不需要特别限制饮食,应供给含优质蛋白质(乳类、蛋、鱼、家禽等)、少量脂肪、高热量及高维生素易消化饮食,长期应用激素注意钙及维生素 D 的摄入。② 蛋白质:大量蛋白尿期间供给量为 1.5~2.0 g/(kg·d)为宜,尿蛋白消失后长期用糖皮质激素治疗期间应多补充蛋白质,以防出现负氮平衡。③ 水和盐:水一般不必限制,但水肿时应限制钠的摄入,一般为 1~2 g/d,严重水肿时则应<1 g/d,待水肿明显好转应逐渐增加食盐摄入量。④ 为减少高脂血症,应以植物性脂肪为主,同时增加含可溶性纤维的饮食。

3. 严格限制液体入量　　最好使用输液泵,确保液体准确进入。遵医嘱给予利尿剂,记录尿量,注意电解质的变化,特别是钾的水平。

4. 预防感染　　① 向患儿及家长解释预防感染的重要性。② 做好保护性隔离。③ 加强皮肤护理,保护皮肤勿受损伤。阴囊可用棉垫或吊带托起。做好会阴部清洁。④ 严重水肿者应尽量避免肌内注射。⑤ 注意监测体温、血象等,及时发现感染灶,发现感染者给予抗生素治疗。

5. 观察病情及药物不良反应　　① 观察水肿和排尿:应严格记录 24 h 出入量;每天测腹围、体重一次并记录。② 大剂量服用泼尼松会出现库欣综合征、高血压、骨质疏松,应观察其发展,对症治疗。注意尿蛋白变化及血浆蛋白恢复等情况。使用免疫抑制剂环磷酰胺治疗时,注意有无白细胞降低、胃肠道反应、脱发、出血性膀胱炎、加重感染等,在使用肝素过程中注意监测凝血时间及凝血酶原时间。

七、健康指导

① 注意安全,恢复期可参与轻松的娱乐活动,防止摔伤、骨折。② 讲解激素治疗对本病的重要性,使其主动配合与坚持按计划用药。③ 使患儿及家长了解感染是本病最常见的并发症及复发的诱因,因此,采取有效措施预防感染至关重要。④ 患儿预防接种要避免使用活疫苗,在大量使用激素和免疫制剂时,需延长接种时间,一般在临床表现完全缓解或停药半年后进行。

笔记栏

第三节 泌尿道感染

一、概述

泌尿道感染是指病原体直接侵入尿路,在尿液中生长繁殖,并侵犯尿路黏膜或组织而引起损伤。按病原体侵袭的部位不同,一般将肾盂肾炎称为上尿路感染;膀胱炎、尿道炎合称下尿路感染。最常见致病菌为大肠埃希菌。主要感染途径为上行性感染,也可经血行和邻近组织感染直接蔓延引起。

二、临床表现

不同年龄组症状不同。新生儿期多由血行感染引起,以全身症状为主。婴幼儿期仍以全身症状为主,局部症状轻微。年长儿以发热、寒战、腹痛等全身症状突出。下尿路感染以膀胱刺激症状为主,上尿路感染多有发热、寒战、腰痛、肾区叩击痛,有时也伴有尿路刺激症状。

三、实验室检查与其他辅助检查

1. 尿常规　　清洁中段尿离心沉渣镜检中白细胞＞10个/HPF,即可怀疑为尿路感染,血尿也很常见。
2. 尿细菌检查　　清洁中段尿细菌培养:菌落计数超过 10^5/mL 便可确诊,$10^4 \sim 10^5$/mL 为可疑,少于 10^4/mL 系污染。

四、治疗

主要是多饮水,休息;去除诱因,控制感染;防止反复,保护肾功能。最关键使用有效抗生素。

五、护理诊断

1. 体温过高　　与细菌感染有关。
2. 排尿异常　　与膀胱、尿道炎症有关。
3. 知识缺乏　　与家长及年长患儿缺乏本病的防护知识有关。

六、护理措施

1. 维持正常体温　　急性期需卧床休息;鼓励患儿大量饮水,给予足够热量、丰富的蛋白质和维生素流质或半流质饮食;监测体温变化,高热者给予物理降温或药物降温。
2. 减轻排尿异常　　保持会阴部清洁,便后冲洗外阴,小婴儿勤换尿布;按医嘱应用抗菌药物,注意药物不良反应;定期复查尿常规和进行尿培养,以了解病情的变化和治疗效果。

七、健康指导

做好卫生宣教,根治蛲虫及泌尿系统的先天性畸形,减少感染因素。加强营养和体格锻炼。指导按时服药,定期复查。一般急性感染于疗程结束后每月随访1次,除尿常规外,还应做中段尿培养,连续3个月,如无复发可以认为治愈;反复发作者每3～6个月复查1次,共2年或更长时间。

知识拓展

经皮肾活检*

经皮肾活检是经肾穿刺活组织检查的常用方法,包括光镜、电镜及免疫荧光检查,以明确病理分型、病变严重程度及活动情况,对指导治疗和估计预后起重要作用。肾活检的适应证包括:非典型的急性肾炎、继发性肾炎;治疗不满意的肾病综合征或病程≥1年者;原因不明的持续性或发作性血尿病程持续半年以上者;无症状持续性非直立性蛋白尿且24 h尿蛋白定量＞1 g者;不明原因的急、慢性肾功能不全;肾移植后排斥反应等。

*引自:崔焱.儿科护理学.5版.北京:人民卫生出版社,2012.

案例分析

患儿,男,5岁,因"眼睑水肿7天,下肢水肿3天"入院。7 d前患儿无明显诱因出现眼睑水肿,3 d后水肿渐加重并出现双下肢水肿,近两日出现阴囊肿大。患儿近来胃纳欠佳,尿量较前减少,无肉眼血尿,无尿急、尿频,无头昏、头痛。入院体格检查:T 36.4℃,P 100次/分,R 30次/分,BP 90/60 mmHg,患儿神志清楚,精神可,眼睑、颜面水肿,双肺未闻及中、小水泡音;心率100次/分,律齐,心音有力,无杂音;腹稍胀,肝脾肋下未触及,移动性浊音阴性;下肢可凹性水肿,阴囊中度水肿。生殖器无畸形,无病理反射。辅助检查:尿蛋白(＋＋＋＋),血浆总蛋白及清蛋白明显减少,血胆固醇明显升高,补体C3正常。

【问题】
(1) 该患儿的临床诊断及诊断依据是什么?
(2) 该病的常见并发症有哪些?
(3) 患儿有哪些护理问题?

【解析与解答】
(1) 该患儿的临床诊断是肾病综合征,因有尿蛋白(＋＋＋＋),血浆总蛋白及清蛋白明显减少,血胆固醇明显升高,7 d前无明显诱因出现眼睑水肿,3 d后水肿渐加重并出现双下肢水肿,近两日出现阴囊肿大。
(2) 该病的常见并发症有感染、电解质紊乱和低血容量、高凝状态和血栓形成、急性肾衰竭、生长延迟。
(3) 护理措施(略)。

小 结

1. 急性肾小球肾炎
   - 症状
     - 前驱感染
     - 严重病例:严重循环充血、高血压脑病、急性肾衰竭
     - 典型表现:水肿,少尿,血尿,蛋白尿,高血压
   - 护理
     - 休息:起病2周内卧床休息;血沉正常可上学;Addis计数正常后恢复正常生活
     - 饮食:低盐饮食为好
     - 利尿、降压:准确用药、观察药物不良反应
     - 密切观察病情,警惕发生并发症

2. 肾病综合征
- 症状：大量蛋白尿、低蛋白血症、高胆固醇血症、明显水肿
- 并发症：感染、电解质紊乱和低血容量、高凝状态和血栓形成、急性肾衰竭、生长延迟等
- 治疗：糖皮质激素是治疗肾病较有效的药物
- 护理：休息、营养管理、预防感染、观察病情及药物不良反应

【思考题】

患儿，男，4岁，因"全身水肿"收住入院，体检：面部、腹壁及双下肢水肿明显，可凹陷性，阴囊水肿明显，囊壁变薄透亮。实验室检查与其他辅助检查：24 h尿蛋白定量150 mg/kg，血清蛋白（白蛋白）10 g/L，血胆固醇9.2 mmol/L。

(1) 该患儿可能的临床诊断及最主要的治疗措施是什么？

(2) 当前最主要的护理诊断是什么？如何进行护理？

（成小丽　倪春梅）

第十一章

血液系统疾病患儿的护理

学习要点

- **掌握**：贫血的定义、营养性缺铁性贫血和营养性巨幼细胞贫血的病因、护理诊断、护理措施及健康指导。
- **熟悉**：贫血的分度及上述疾病的防治原则、特发性血小板减少性紫癜和血友病的健康指导。
- **了解**：儿童造血和血液特点、贫血的分类。

第一节 儿童造血和血液特点

一、造血特点

1. **胚胎期造血**　分为3个时期：中胚叶造血期、肝造血期、骨髓造血期。
2. **生后造血**　主要是骨髓造血，生成各种血细胞，淋巴组织产生淋巴细胞。婴幼儿期骨髓均为红骨髓，全部参与造血，由于缺少黄骨髓，造血代偿能力低。当严重感染或溶血性贫血等需要增加造血时，肝、脾、淋巴结恢复到胎儿时期的造血状态，而表现为肝、脾、淋巴结肿大，外周血中可见有核红细胞和(或)幼稚粒细胞，即"髓外造血"。

二、血液特点

1. **红细胞数和血红蛋白量**　出生时红细胞数为$(5.0～7.0)\times10^{12}/L$、血红蛋白量为150～220 g/L。出生后逐渐下降，至2～3个月时，红细胞数降至$3.0\times10^{12}/L$，血红蛋白量降至100 g/L左右，出现轻度贫血，称为"生理性贫血"。3个月后，红细胞数和血红蛋白量又逐渐上升，约12岁时达成人水平。
2. **白细胞数与分类**　出生时白细胞计数为$(15～20)\times10^9/L$，以中性粒细胞为主。婴儿期维持在$10\times10^9/L$左右，8岁后接近成人水平；中性粒细胞比例也相应下降，生后4～6 d和4～6岁时中性粒细胞和淋巴细胞两者比例相等(两个交叉)，4～6岁后以中性粒细胞为主，逐渐达成人水平。
3. **血小板数**　为$(150～300)\times10^9/L$。
4. **血容量**　血容量占体重的比例新生儿约为10%，儿童为8%～10%，成人为6%～8%。

第二节 儿童贫血

贫血是指单位容积末梢血中红细胞数、血红蛋白量或血细胞比容低于正常。儿童贫血的国内诊断标准是：新生儿期血红蛋白 Hb<145 g/L,1～4 个月时 Hb<90 g/L,4～6 个月时 Hb<100 g/L；6 个月以上则按 WHO 标准：6～59 个月者 Hb<110 g/L,5～11 岁者 Hb<115 g/L,12～14 岁者 Hb<120 g/L 为贫血。海拔每升高 1 000 m,Hb 上升 4%。

根据外周血血红蛋白含量可将贫血分为 4 度(表 11-1)。

表 11-1 贫血的分度

		轻度	中度	重度	极重度
Hb(g/L)	新生儿	144～120	～90	～60	<60
	儿童	正常下限～90	～60	～30	<30

一般采用病因学和形态学分类。形态学分类有助于推断病因。病因学分类临床最常用,根据导致贫血的原因和发病机制可分为 3 类：红细胞及血红蛋白生成不足、红细胞破坏过多(溶血性贫血)、失血性贫血。

一、营养性缺铁性贫血

(一)概述

缺铁性贫血是由于体内铁缺乏致血红蛋白合成减少而引起的一种小细胞低色素性贫血。为儿童贫血中最常见的类型,以 6 个月～2 岁发病率最高。任何引起体内铁缺乏的原因均可导致贫血。铁摄入不足是缺铁性贫血的主要原因,以及先天储铁不足、生长发育快、铁吸收减少、铁丢失过多等原因。

(二)临床表现

任何年龄均可发病,以 6 个月～2 岁最多。起病缓慢。一般表现为皮肤黏膜逐渐苍白,以唇、口腔黏膜和甲床最明显。易疲乏,体重增长缓慢等。出现髓外造血表现。可有食欲减退,呕吐、腹泻、口腔炎、舌炎,少数有异食癖等消化系统表现。常有烦躁不安,注意力不集中,记忆力减退,智能多较同龄儿低等神经系统表现。明显贫血时心率增快,心脏扩大,重者可发生心力衰竭。其他表现如皮肤干燥、毛发枯黄易脱落、反甲,常合并感染等。

(三)实验室检查与其他辅助检查

1. 血常规　　血红蛋白量降低较红细胞数减少更明显,呈小细胞低色素性贫血。
2. 骨髓象　　增生活跃,以中、晚幼红细胞增生为主。
3. 铁代谢的检查　　血清铁蛋白<16 μg/L,是早期诊断缺铁的敏感指标；红细胞内游离原卟啉>0.9 μmol/L；血清铁<9.0～10.7 μmol/L；总铁结合力>62.7 μmol/L；转铁蛋白饱和度<15% 有诊断意义。

(四)治疗

关键是去除病因和铁剂治疗。铁剂治疗多采用口服,口服不能耐受或吸收不良可采用注射铁剂。重度贫血者可输注红细胞制剂,注意输注的量和速度。

(五)护理诊断

1. 活动无耐力　　与贫血致组织器官缺氧有关。
2. 营养失调：低于机体的需要量　　与铁的供应不足、吸收不良、丢失过多或消耗增加有关。

3. 有感染的危险　　与机体缺铁导致免疫功能低下有关。

4. 潜在并发症：心力衰竭

5. 知识缺乏　　与家长及年长患儿缺乏营养知识和本病的防护知识有关。

(六) 护理措施

1. 合理安排休息与活动　　根据活动耐力下降情况制订活动类型、强度、持续时间，以不感到累为度。有计划合理安排各项治疗、护理操作，尽可能集中进行。

2. 饮食指导　　指导合理搭配患儿的饮食，告知家长含铁丰富且易吸收的食物、促进和抑制铁吸收的因素。婴儿提倡母乳喂养，按时添加含铁丰富的辅食。对早产儿和低体重儿自2个月左右给予铁剂预防。新鲜牛奶需加热处理后喂养，以减少因过敏而致肠出血。增进食欲，注意色、香、味的调配，鼓励年长儿主动进食。

3. 正确应用铁剂，观察疗效与副反应　　① 口服铁剂可致胃肠道反应，宜从小剂量开始，在两餐之间服用；液体铁剂可使牙齿染黑，可用吸管或滴管服之。说明服用铁剂后，大便变黑或呈柏油样，停药后恢复。② 铁剂可与维生素C、果汁等同服，以利吸收；忌与抑制铁吸收的食物如咖啡、茶、钙剂等同服。③ 注射铁剂应深部肌肉注射，每次更换注射部位，减少局部刺激；首次注射应严密观察，警惕过敏反应的发生。

(七) 健康指导

向家长及年长患儿讲解疾病的有关知识和护理要点。指导合理喂养，提倡母乳喂养，及时添加含铁丰富且吸收率高的辅食；坚持正确用药。强调贫血纠正后，仍要坚持合理安排小儿饮食。缺铁性贫血可导致智力减低、成绩下降，应加强教育与训练，减轻自卑心理。

二、营养性巨幼细胞贫血

(一) 概述

营养性巨幼细胞贫血是由于缺乏维生素 B_{12} 和（或）叶酸、维生素C所引起的一种大细胞性贫血，临床特点为贫血，精神、神经症状较明显，用维生素 B_{12} 和（或）叶酸治疗有效。维生素 B_{12} 缺乏的原因包括储存不足、摄入量不足、吸收和运输障碍、需要量增加。叶酸缺乏的原因包括摄入量不足、吸收不良、药物作用、代谢障碍。

(二) 临床表现

发病年龄以6个月~2岁多见，起病缓慢。一般表现为虚胖或伴轻度水肿，毛发纤细、稀、黄。出现贫血表现，较早出现厌食、呕吐、腹泻、舌炎、口腔溃疡等消化道症状。患儿烦躁、易怒。维生素 B_{12} 缺乏者智力及动作发育落后，常有倒退现象；表情呆滞、嗜睡、少哭不笑；严重者可见肢体、躯干、头部或全身震颤，甚至抽搐、共济失调、踝阵挛及感觉异常。叶酸缺乏者不发生神经系统症状，但可导致神经精神异常。易发生感染，可有出血点或瘀斑。重症者心脏扩大或心力衰竭。

(三) 实验室检查与其他辅助检查

1. 血常规　　红细胞数减少较血红蛋白量降低更明显。呈大细胞性贫血，可见巨幼变的有核红细胞、巨大幼稚粒细胞和中性粒细胞分叶过多现象。

2. 骨髓象增生明显活跃　　以红细胞系统增生为主，粒、红系均巨幼变。

3. 血清维生素 B_{12} 和叶酸测定　　血清维生素 B_{12} <100 ng/L，叶酸<3 μg/L。

(四) 治疗

加强营养，及时添加换乳食物；防治感染；去除病因；维生素 B_{12} 和叶酸治疗；其他重度贫血者可输注红细胞制剂。肌肉震颤者可给镇静剂。

(五) 护理诊断

1. 活动无耐力　　与贫血致组织缺氧有关。

2. 营养失调：低于机体的需要量　　与维生素 B_{12} 和（或）叶酸摄入不足、吸收不良等有关。

3. 生长发育迟缓　　与营养不足、贫血及维生素 B_{12} 缺乏影响生长发育有关。

(六) 护理措施

(1) 根据患儿的活动耐受情况安排休息与活动,烦躁、震颤、抽搐者遵医嘱用镇静剂。改善哺乳母亲营养,及时添加换乳食物,合理搭配患儿食物,养成良好的饮食习惯。评估患儿的体格、智力、运动发育情况,对发育落后者加强训练,监测生长发育。

(2) 做好健康教育,介绍本病的表现和预防措施,强调预防的重要性,提供有关营养方面的知识。积极治疗和去除影响维生素 B_{12} 和叶酸吸收的因素。合理用药。

第三节 出血性疾病

一、特发性血小板减少性紫癜

(一) 概述

特发性血小板减少性紫癜(ITP)又称自身免疫性血小板减少性紫癜,是儿童最常见的出血性疾病。临床上以皮肤、黏膜自发性出血,血小板减少,出血时间延长,血块收缩不良,束臂试验阳性为特征。

(二) 临床表现

本病分为急性、慢性两种类型。

1. **急性型** 多见于婴幼儿,发病前1～3周常有急性病毒感染史。起病急,常有发热。皮肤、黏膜自发性出现针尖大小出血点,或瘀斑、紫癜,遍布全身,以四肢较多;常有鼻、齿龈出血;可见便血、呕血、血尿;颅内出血少见,一旦发生,预后不良。可伴贫血。病程多为自限性,多在1～6个月内痊愈。

2. **慢性型** 病程超过6个月,多见于学龄儿童,起病缓慢,出血症状相对较轻,主要为皮肤、黏膜出血,可持续性或反复发作。

(三) 实验室检查与其他辅助检查

1. **血常规** 血小板计数常$<100×10^9/L$,甚至$<20×10^9/L$;可有贫血;白细胞数正常。

2. **骨髓象** 巨核细胞数正常或增多,以小型巨核细胞为主;幼稚巨核细胞增多,核分叶减少,胞质少且常有空泡形成、颗粒减少等现象。国外学者不建议常规进行此项检查。

3. **PAIgG 测定** 含量明显增高。

(四) 治疗

预防创伤出血;宜早期、大量、短程应用肾上腺皮质激素;使用大剂量静脉丙种球蛋白;输注血小板和红细胞;免疫抑制剂治疗或行脾切除术。

(五) 护理诊断

1. **皮肤黏膜完整性受损** 与血小板减少致皮肤黏膜出血有关。
2. **有感染的危险** 与糖皮质激素和(或)免疫抑制剂应用致免疫功能下降有关。
3. **潜在并发症:内脏出血**
4. **恐惧** 与严重出血有关。

(六) 护理措施

1. **局部压迫止血** 口、鼻黏膜出血可用1‰麻黄碱棉球、纱条或明胶海绵局部压迫止血。遵医嘱给止血药、输同型血小板等,预防感染,消除恐惧心理。

2. **避免损伤** 急性期减少活动,明显出血时卧床休息。尽量减少肌肉注射或深静脉穿刺,保持大便通畅。不玩尖利玩具及使用锐利工具,不做剧烈的、有对抗性的运动,常剪指甲,选用软毛牙刷等。

3. 密切观察病情变化　　观察皮肤瘀点(斑)变化,监测血小板数量变化及生命体征,观察神志、面色,记录出血量,并发症的观察。

4. 预防感染　　保持出血部位清洁,严格无菌技术操作。

5. 消除恐惧心理　　关心、安慰患儿,向其讲明道理,取得配合。

（七）健康指导

指导进行自我保护及预防损伤的措施。忌服阿司匹林类或含阿司匹林的药物；服药期间不与感染患儿接触。去公共场所时戴口罩,衣着适度,尽量避免感冒,以防加重病情或复发。教会家长识别出血征象和学会压迫止血的方法,一旦发现出血,立即就诊。脾切除患儿在术后2年内,应定期随诊。

二、血友病

（一）概述

血友病是一组遗传性凝血功能障碍的出血性疾病,包括：① 血友病A,即因子Ⅷ缺乏症；② 血友病B,即因子Ⅸ缺乏症；③ 血友病C,即因子Ⅺ缺乏症。以血友病A最为常见。血友病A、B为X连锁隐性遗传,由女性传递,男性发病。血友病C为常染色体不完全性隐性遗传,两性均可发病,双亲均可传递。

（二）临床表现

主要表现为出血症状,于轻微损伤或小手术后长时间出血。血友病A、B出血程度重；但血友病C出血症状一般较轻。常有皮肤瘀斑,黏膜出血,皮下及肌肉血肿,关节腔出血、积血,以膝、踝关节最常受累,反复关节出血,可致关节强直畸形、功能丧失。

（三）实验室检查与其他辅助检查

初筛试验凝血时间延长,部分凝血活酶时间延长,凝血酶原消耗不良,凝血活酶生成试验异常。确诊试验测定血浆FⅧ、FⅨ或FⅪ促凝活性降低,有助于判断疾病类型、病情轻重及指导治疗。

（四）治疗

治疗的关键是预防出血,局部止血和尽快补充凝血因子。

（五）护理诊断

1. 潜在并发症：出血

2. 组织完整性受损　　与凝血因子缺乏有关。

3. 疼痛　　与关节腔出(积)血及皮下、肌肉血肿有关。

4. 躯体活动障碍　　与关节腔积血、肿痛、活动受限及关节畸形、功能丧失有关。

5. 长期性低自尊　　与疾病终生性有关。

（六）护理措施

1. 防治出血　　养成安静的生活习惯,动作轻柔,剪短指甲,防止外伤。避免或减少肌肉注射,尽可能口服给药。避免各种手术。皮肤黏膜如有出血局部加压或冷敷。关节出血时,卧床休息,局部冷敷,抬高患肢。遵医嘱尽快输注凝血因子。

2. 病情观察　　观察生命体征、神志、皮肤黏膜瘀斑(点)增减及血肿消退情况。局部压迫止血,可用冰袋冷敷,抬高患肢并制动,保持功能位,减轻疼痛。记录出血量,及时发现内脏及颅内出血,并组织抢救。关节出血停止,肿痛消失后,应逐渐增加活动,以防畸形。慢性关节损害者,应进行康复指导与训练。严重关节畸形可行手术矫正。

（七）健康指导

为患儿提供安全的家庭环境；鼓励患儿规律、适度的体格锻炼和运动,增强关节周围肌肉的力量和强度,延缓出血或使出血局限化；告知患儿的老师其病情及应限制的活动；教会家长及年长患儿必要的应急护理措施,减少或避免损伤出血,以便在家里能得以尽快处理；对家长进行遗传咨询,使其了解本病的遗传规律和筛查基因携带者的重要性。心理支持,维护患儿自尊。

知识拓展

血友病基因治疗[*]

血友病是一种由于基因突变导致的血浆中凝血因子合成减少或功能缺陷的遗传性出血性疾病,其治疗方法包括传统的替代治疗和新型的基因治疗。替代治疗是通过输注外源性重组凝血因子以缓解其出血并发症,防止功能丧失。基因治疗是指将外源正常编码凝血因子的基因通过基因转移技术导入患者体内,并表达治疗水平的凝血因子,从而实现彻底治愈血友病的目的。

[*] 引自:燕玲.血友病基因治疗进展.中国实验血液学杂志,2015,23(1):266-269.

小 结

1. 营养性缺铁性贫血
   - 分类:小细胞低色素性贫血
   - 病因:铁缺乏致血红蛋白合成减少
   - 症状:一般表现及髓外造血表现
   - 治疗:去除病因,铁剂治疗
   - 护理:合理安排休息与活动、指导合理搭配饮食正确应用铁剂,观察疗效与不良反应、做好健康教育

2. 营养性巨幼细胞贫血
   - 分类:巨幼红细胞贫血
   - 病因:缺乏维生素 B_{12} 和(或)叶酸
   - 症状:贫血,精神、神经症状较明显
   - 治疗:去除病因,用维生素 B_{12} 和(或)叶酸治疗有效
   - 护理:适当安排休息与活动、合理搭配食物、监测生长发育、做好健康教育

【思考题】

患儿,女,8个月,因面色苍白、消瘦1月余收治入院。询问喂养情况,患儿出生至今予纯母乳喂养,未添加任何辅食。查体:T 37.0℃,P 140 次/分,R 45 次/分,面色、口唇苍白、干燥,精神萎靡。血常规:Hb 85 g/L,RBC $2.5×10^9$/L,血涂片红细胞大小不等,中央淡染区不明显,WBC、PLT 计数较正常减少。

(1) 该名患儿贫血程度是什么?
(2) 目前初步诊断是什么?
(3) 主要护理诊断是什么?

(钱　敏　刘艳林)

第十二章

神经系统疾病患儿的护理

学习要点

- **掌握**：儿童化脓性脑膜炎、病毒性脑炎、癫痫持续状态的定义及护理措施。
- **熟悉**：举例说明化脓性脑膜炎的临床特点。
- **了解**：针对不同疾病的治疗措施。

第一节 化脓性脑膜炎

一、概述

在基础代谢状态下，儿童脑耗氧量占机体耗氧总量的50%，而成人为20%，所以儿童对缺氧耐受性较成人差。新生儿脊髓下端在第2腰椎下缘，4岁时达到第1、第2腰椎之间，故腰椎穿刺位置：婴幼儿以第4~5腰椎间隙为宜，4岁后以第3~4腰椎间隙为宜。正常儿童脑脊液的量和压力随着年龄的增长和脑室的发育逐渐增加，新生儿脑脊液的量少、压力低，故抽取脑脊液较困难。

神经反射

(1) 生理反射：角膜反射、瞳孔对光反射、结膜反射及吞咽反射在出生时就已存在并终身不消失；觅食、吸吮、拥抱、握持及颈肢等反射出生时存在但逐渐消失；腹壁反射、提睾反射及腱反射等1岁后可引出并较稳定。

(2) 病理反射：小于2岁的婴幼儿，由于神经系统发育不成熟，巴宾斯基(Babinski)征阳性可为生理现象；若大于2岁或单侧阳性为病理现象。小于3个月的小婴儿因屈肌张力较高，凯尔尼格(Kernig)征、布鲁津斯基(Brudzinski)征可呈阳性。脑膜炎、蛛网膜下腔出血和颅内压增高时，可出现脑膜刺激征，即出现颈强直、Kernig征、Brudzinski征阳性。但由于婴儿颅缝和囟门对颅内压力的缓解作用，脑膜刺激征表现通常不明显或出现较晚。

化脓性脑膜炎是由各种化脓性细菌感染引起的急性脑膜炎症是儿童，尤其是婴幼儿时期常见的中枢神经系统感染性疾病，如不及时治疗可遗留各种神经系统后遗症。0~2个月患儿以大肠埃希菌和金黄色葡萄球菌感染为主；3个月~3岁的患儿多由流感嗜血杆菌感染引起；5岁以上患儿主要致病菌为脑膜炎双球菌、肺炎链球菌。

二、临床表现

1. **典型表现** 发热、意识逐渐改变、烦躁或精神萎靡、嗜睡直至惊厥、昏迷等全身中毒症状。

笔记栏

颅内压增高表现为剧烈头痛、喷射性呕吐,严重者合并脑疝,患儿双侧瞳孔不等大,对光反应迟钝等。出现颈强直、Kernig征、Brudzinski征阳性等脑膜刺激征,以颈强直最常见。

2. 非典型表现　　3个月以下患儿起病隐匿,症状不典型。表现为体温升高或降低,甚至体温不升;面色青灰、拒乳呕吐、吸吮力差、黄疸加重等;肌张力减弱或不典型惊厥发作;脑膜刺激征表现不明显。

3. 并发症　　硬膜下积液、脑室管膜炎、脑积水。

三、实验室检查与其他辅助检查

1. 脑脊液检查　　为本病确诊依据。表现为压力增高,外观混浊或呈乳白色,白细胞总数明显增多达$1\,000\times10^6/L$以上,以中性粒细胞为主,糖和氯化物含量显著下降,蛋白质明显升高。涂片染色可早期确定致病菌。

2. 血液　　血常规白细胞计数升高,达$(20\sim40)\times10^9/L$,以中性粒细胞为主。早期血培养可确诊病原菌。

3. 头颅CT　　可确定脑水肿、脑膜炎、脑室扩大、硬脑膜下积液等改变。

四、治疗

1. 药物治疗　　选用毒性低、易透过血脑屏障的敏感抗生素,早期、联合、足量、足疗程静脉用药,有并发症者适当延长给药时间。应用肾上腺皮质激素治疗:地塞米松$0.6\,mg/(kg\cdot d)$,分4次静脉给药,连用2~3 d。

2. 对症及支持治疗　　高热者给予物理或药物降温;脑水肿予脱水降颅压;惊厥发作时选用地西泮、苯巴比妥等。

五、护理诊断

1. 体温过高　　与细菌感染有关。
2. 潜在并发症:颅内压增高
3. 有受伤的危险　　与惊厥发作有关。
4. 营养失调:低于机体需要量　　与摄入不足、机体消耗增多有关。
5. 焦虑(家长)　　与疾病预后不良有关。

六、护理措施

(1) 遵医嘱行退热和抗生素等药物治疗,维持正常体温。给予高热量、高蛋白质、高维生素、易消化的清淡流质或半流质饮食,根据病情程度恰当选择补充营养的方式。定期测量患儿体重,了解营养状态恢复情况。

(2) 密切观察病情变化,防止外伤、意外,监测并记录意识状态、面色、神志、瞳孔、囟门、肌张力等变化。若婴儿经48~72 h治疗病情不见好转或病情反复,首先应考虑并发硬脑膜下积液的可能。若高热不退,反复惊厥发作,前囟饱满,颅缝裂开,频繁呕吐,出现"落日眼"现象提示出现脑积水。

七、健康指导

积极防治上呼吸道感染、消化道感染等感染性疾病,预防皮肤外伤和脐部感染。对有后遗症患儿,与家属一起制订适合患儿的系统且行之有效的功能训练计划。

第二节 病毒性脑炎

一、概述

病毒性脑炎是多种病毒感染引起的颅内急性炎症,大多数患儿病程呈自限性。80%为肠道病毒感染,其次为单纯疱疹病毒、腮腺炎病毒和虫媒病毒等。

二、临床表现

1. **病毒性脑炎** 起病急,多有急性全身感染症状,如发热、头痛、呕吐、腹泻等。中枢神经系统症状表现为惊厥、意识障碍、颅内压增高、运动功能障碍、神经情绪异常。病程一般2~3周,多数患儿可完全恢复,但少数遗留癫痫、肢体瘫痪、智力倒退等后遗症。

2. **病毒性脑膜炎** 多先有消化道或上呼吸道感染病史,表现为发热、恶心、呕吐。继而婴儿出现烦躁不安,易激惹;年长儿表现为头痛、颈背疼痛,脑膜刺激征为阳性,无局限性神经系统体征,很少发生严重意识障碍和惊厥。病程大多1~2周。

三、实验室检查与其他辅助检查

脑脊液压力正常或增高,外观清亮,白细胞计数轻度增高,一般$<300\times10^6/L$;蛋白质大多数正常或轻度升高,糖和氯化物一般在正常范围。脑脊液病毒分离及特异性抗体测试为阳性。病程早期脑电图以弥漫性或局限性异常慢波背景活动为特征。

四、治疗

对症治疗与支持疗法;严格限制液体入量,静脉注射甘露醇,控制脑水肿和颅内高压;给予地西泮、苯妥英钠等止惊剂,控制惊厥发作;抗病毒治疗;对于重症婴幼儿或继发细菌感染者适当给予抗生素。

五、护理诊断

1. 体温过高 与病毒血症有关。
2. 潜在并发症:颅内压增高
3. 有受伤的危险 与惊厥有关。
4. 急性意识障碍 与脑实质炎症有关。
5. 躯体活动障碍 与昏迷、瘫痪有关。

六、护理措施

(1) 及时给予降温处理,注意患儿安全,专人守护,防止意外,惊厥发作时取侧卧位或将头偏向一侧,立即置压舌板或舌垫于上下白齿之间,适当应用约束带。

(2) 昏迷患儿保持侧卧位,定时翻身拍背,避免压疮及坠积性肺炎的发生。

(3) 密切观察病情变化,保持呼吸道通畅,必要时吸氧,如发现呼吸节律不规则、两侧瞳孔不等大、对光反射迟钝,多提示有脑疝及呼吸衰竭发生;如患儿出现烦躁不安、意识障碍,应警惕是否存在脑水肿。

七、健康指导

指导家长用药及护理方法,做好心理护理,鼓励家长坚持智力和瘫痪肢体功能的锻炼。

第三节 癫痫发作和癫痫

一、概述

癫痫发作是由于脑部神经元发作性异常放电引起脑功能障碍的一组临床症状,多数癫痫发作持续时间短暂呈自限性。癫痫是多种原因引起的脑部慢性疾病,是脑内神经元反复发作性异常放电导致突发性、暂时性脑功能失常。年龄、内分泌、睡眠等均与癫痫发作有关,饥饿、过饱、劳累、感情冲动等均可诱发癫痫发作。

二、临床表现

1. 癫痫发作

(1) 局灶性发作:临床症状和脑电图异常均以局部开始。单纯局灶性发作以局灶性运动性发作最常见,表现为面、颈、四肢某部分的强直或阵挛性抽动,头、眼持续同向偏斜,无意识丧失,时间10~20 s,发作后无不适。复杂局灶性发作表现为意识部分丧失,精神行为异常,如吞咽、咀嚼、摸索、自语等。

(2) 全部性发作:强直-阵挛发作最常见,突然意识丧失,全身骨骼肌出现剧烈的强直性收缩。强直症状持续数秒至数十秒后出现较长时间反复的阵挛,即全身肌肉节律性抽搐,口吐白沫,持续1~5 min逐渐停止。发作后深睡,醒后头痛、嗜睡、乏力、烦躁等。还有失神发作、肌阵挛发作、失张力发作、痉挛发作等表现形式。

2. 癫痫综合征

(1) 良性癫痫:2~14岁多见,9~10岁为发病高峰。多数患儿于入睡后或觉醒前呈局灶性发作,从口面部开始,如喉头发声、唾液增多、面部抽搐等,很快发展至全身强直-阵挛发作,意识丧失。患儿智力发育正常。

(2) 失神癫痫:3~13岁多见,6~7岁为高峰,女孩多于男孩。为频发而短暂的失神发作,每日数次至数十次,每次发作数秒钟,意识障碍突然发生、突然恢复。发作时不跌倒,发作后患儿不能回忆发作情况、无头痛、嗜睡等症状。体格检查无异常,预后良好。

(3) 婴儿痉挛:生后4~8个月为发病高峰,男孩多于女孩。频繁的强直痉挛发作,表现为屈曲性、伸展性及混合性三种。以屈曲性及混合性发作为多。屈曲性发作时婴儿呈点头、屈腿状;伸展性发作表现为角弓反张,肢体频繁颤动,在入睡不久和刚醒时加重。

3. 癫痫持续状态 癫痫一次发作30 min以上或反复发作间歇期意识不能完全恢复达30 min以上者,称癫痫持续状态。临床多见强直-阵挛持续状态。

4. 睡眠障碍 可能与白天注意力障碍和社会行为异常有关。

三、实验室检查与其他辅助检查

1. 脑电图 是确诊癫痫发作与癫痫最重要的检查手段。

2. 影像学检查 对脑电图提示为局灶性发作或局灶-继发全部性发作的患儿,应进行CT、MRI等检查。

四、治疗

先选择单种抗癫痫药物,从小剂量开始直至完全控制。癫痫持续状态时可静脉注射地西泮,每次剂量0.3~0.5 mg/kg,一次总剂量不超过10 mg,0.5~1 h后重复使用,24 h内可用2~4次。必要时手术治疗。

五、护理诊断

1. 有窒息的危险　　与喉痉挛、呼吸道分泌物增多有关。
2. 有受伤的危险　　与癫痫发作时抽搐有关。
3. 潜在并发症：脑水肿、酸中毒、呼吸衰竭、循环衰竭
4. 知识缺乏　　与患儿家长缺乏癫痫发作时的急救知识及正确服用抗癫痫药物的知识有关。

六、护理措施

1. 维持呼吸道通畅　　发作时应立即使患儿平卧,头偏向一侧,松解衣领,有舌后坠者可用舌钳将舌拉出,防止窒息;在患儿上下臼齿之间放置牙垫或厚纱布包裹的压舌板,防止舌被咬伤;保持呼吸道通畅,准备好开口器和气管插管物品;给予低流量持续吸氧。
2. 安全防护　　癫痫发作时保护患儿肢体,勿强行按压,防止骨折、脱臼。移开患儿周围可能导致受伤的物品。拉紧床栏,专人守护。意识恢复后仍要加强保护措施,平时安排好患儿的日常生活,适当活动,避免情绪紧张、受凉或中暑、感染等。避免各种危险活动,注意安全。
3. 病情观察　　注意观察癫痫发作状态、呼吸变化、循环衰竭的征象及患儿经抗癫痫治疗后癫痫发作、智力和运动发育等状况的转归。

七、健康指导

保持环境安静,减少外部刺激,加强围生期保健,指导家长合理安排患儿的生活与学习,指导用药,解除患儿的精神负担。

儿童昏迷量表*

儿童昏迷量表是根据儿童睁眼和运动反应及对听觉刺激的反应等对患儿的意识进行评分。总分15分表明意识正常、≤7分表示昏迷、3分通常表示脑死亡。

分值	最佳睁眼反应	最佳运动反应	对视听觉刺激的反应(>2岁)	对视听觉刺激的反应(<2岁)
1	无反应	无反应	无反应	无反应
2	由于疼痛张开	伸展位,去大脑强直	不可理解声音	激惹、不安
3	听到语言指令张开	异常弯曲去皮质强直	不恰当言语	不恰当的持续哭泣
4	自动张开	弯曲缩回	迷惑	哭泣、能被安抚
5		能够定位疼痛的位置	定向	微笑、倾听并跟随指导
6		能服从语言命令		

* 引自:王克芳.轻松儿科护理.北京:北京大学医学出版社,2008.

案例分析

患儿,男,11个月,因发热 3 d,呕吐伴抽搐 1 次入院。入院查体:T 39.7℃,R 42 次/分,P 152 次/分,W 10.5 kg。精神萎靡,嗜睡,颈抵抗,前囟 1.0 cm×1.0 cm 隆起,双侧瞳孔等大等圆,对光反射迟钝,咽部红,双肺呼吸音粗,心律齐,腹软,肝肋下 1.5 cm,剑突下 1.0 cm;四肢肌张力增高,Kernig 征(±)、Brudzinski 征(±)、Babinski 征(+)。辅助检查:脑脊液检查:压力 230 mm H$_2$O,外观混浊;白细胞数 1 620×10^6/L,多核 0.82,单核 0.18;蛋白 900 mg/L,糖 2.15 mmol/L,氯化物 100 mmol/L。血常规:白细胞 16×10^9/L,多核 0.72,单核 0.28。

【问题】

(1) 患儿最可能的临床诊断是什么?

(2) 患儿存在的护理问题有哪些?应采取哪些护理措施?

【解析与解答】

(1) 最可能的临床诊断是化脓性脑膜炎。因有典型临床表现：发热,呕吐伴抽搐,精神萎靡,嗜睡,对光反射迟钝,前囟隆起,颈抵抗,四肢肌张力增高,Kernig 征(±)、Brudzinski 征(±);脑脊液及血常规检查结果均符合化脓性脑膜炎表现。

(2) 护理诊断及措施(略)。

小 结

化脓性脑膜炎
- 典型症状：全身中毒症状,颅内压增高表现,脑膜刺激征,脑脊液检查为确诊依据
- 治疗：选用毒性低、易透过血脑屏障的敏感抗生素,早期、联合、足量、足疗程、静脉用药
- 护理：维持正常体温,降低颅内压,止惊,防止外伤、意外,观察病情变化,预防并发症

【思考题】

患儿,女,13 个月,因"抽搐 3 次伴意识丧失"入院。患儿 1 周前出现发热、咳嗽。查体：T 39.8℃、P 110 次/分,R 30 次/分,体重 10 kg,嗜睡,精神反应差,呕吐 1 次,为胃内容物,颈强直。脑脊液示：压力增高,外观清亮,白细胞数 $200×10^6/L$,以淋巴细胞为主,蛋白质轻度升高,糖和氯化物正常。

(1) 根据患儿的临床表现作出临床诊断。

(2) 列出护理诊断,并据此落实护理措施。

(成小丽 倪春梅)

第十三章

内分泌疾病患儿的护理

学习要点

- **掌握**：① 糖尿病酮症酸中毒处理；② 糖尿病的治疗要点；③ 糖尿病的护理措施。
- **熟悉**：① 糖耐量试验；② 糖尿病辅助检查；③ 糖尿病健康教育。
- **了解**：生长激素缺乏症的临床表现及治疗。

第一节 生长激素缺乏症

一、概述

生长激素缺乏症，是由腺垂体合成和分泌的生长激素（GH）部分或完全缺乏或由于结构异常、受体缺陷等所致的生长发育障碍，致使儿童身高低于同年龄、同性别、同地区正常儿童平均身高2个标准差（-2 SD）或在儿童生长曲线第3百分位数以下。原发性占绝大多数；继发性多为器质性；暂时性在外界不良因素消除或原发病治疗后可恢复正常。

二、临床表现

1. 生长障碍　身高落后比体重低下更为显著，身高年增长速度<5 cm，智能发育正常。随着年龄增长，外观明显小于实际年龄，面容幼稚，身高在儿童生长曲线第3百分位数以下，但身体各部比例匀称。

2. 骨成熟延迟　出牙及囟门闭合延迟，恒齿排列不整。骨龄小于实际年龄2岁以上，但与其身高年龄相仿。

3. 青春发育期推迟

三、实验室检查与其他辅助检查

（1）生长激素缺乏症的诊断依靠GH水平的测定。临床多采用GH刺激试验来判断垂体分泌GH的功能。GH分泌功能的生理性试验包括运动试验和睡眠试验。GH分泌功能的药物刺激试验包括胰岛素、精氨酸、可乐定、左旋多巴试验，有2项不正常方可确诊，各种药物刺激试验均需在用药前（0 min）采血测定GH基础值。一般认为在试验过程中，GH峰值<10 μg/L 即为分泌功能不正常。GH峰值<5 μg/L 为GH完全缺乏。

（2）根据需要做头颅侧位摄片、CT扫描、MRI检查，检测丘脑-垂体有无肿瘤等器质性病变。

（3）对女性矮小伴青春期发育延迟者应常规进行染色体检查，以排除染色体病。

笔记栏

(4) 检测血 TSH、T_3、T_4、PRL、ACTH、皮质醇、LHRH 激发试验等,以判断有无甲状腺、性腺激素等缺乏。

四、治疗

1. **生长激素替代治疗** 基因重组人生长激素 0.1 U/kg 每晚临睡前皮下注射一次,6~7 次/周,治疗应持续至骨骺愈合为止。

2. **生长激素释放激素治疗** 用于下丘脑功能缺陷、GHRH 释放不足的 GHD 患儿。

3. **性激素治疗** 用于同时伴有性腺轴功能障碍者,男孩肌内注射长效庚酸睾酮,每月 25 mg,每 3 个月增加 25 mg,直至每月 100 mg。女孩用炔雌醇每日 1~2 μg,或结合雌激素,剂量自每日 0.3 mg 起,逐渐增加,同时监测骨龄。

五、护理诊断

1. **生长发育迟缓** 与生长激素缺乏有关。
2. **自我概念紊乱** 与生长发育迟缓有关。

六、护理措施

(1) 生长激素替代疗法在骨骺愈合以前均有效,为患儿及家长提供有关激素替代治疗的信息和相关教育资料,用药期间应严密随访骨龄发育情况。

(2) 鼓励患儿表达自己的情感和想法,促进与社会交往的机会,树立正向的自我概念。

第二节 儿童糖尿病

一、概述

糖尿病是由于胰岛素绝对或相对缺乏引起的糖、脂肪、蛋白质代谢紊乱,致使血糖增高、尿糖增加的一种病症。糖尿病可分为:① 胰岛素依赖型即 1 型糖尿病,98%儿童期糖尿病属此类型;② 非胰岛素依赖型即 2 型糖尿病,儿童发病甚少。1 型糖尿病的发病机制迄今尚未完全阐明。

二、临床表现

1. **典型症状** 多尿、多饮、多食和体重下降。但婴儿多饮、多尿不易被察觉,很快发生脱水和酮症酸中毒。学龄儿可因夜尿增多而发生遗尿。年长儿可表现为精神不振、疲乏无力、体重逐渐减轻等。感染是酮症酸中毒的常见诱发因素。酮症酸中毒时可出现呼吸深长、脱水症和神志改变。病程长,血糖控制不佳,则可出现生长落后、智能发育迟缓、肝大。晚期出现蛋白尿、高血压等糖尿病肾病表现,最后致肾衰竭,还可导致白内障和视网膜病变,甚至失明。

2. **儿童糖尿病特殊的自然病程**

(1) 急性代谢紊乱期:约 20%患儿表现为糖尿病酮症酸中毒。从出现症状到临床确诊,时间多在 1 个月以内。

(2) 暂时缓解期:约 75%患儿经胰岛素治疗后进入缓解期,表现为临床症状消失、血糖下降、尿糖减少或转阴。这种暂时缓解期一般持续数周,最长可达半年以上。此期应定期监测血糖、尿糖水平。

(3) 强化期:经过缓解期后,患儿出现血糖增高和尿糖不易控制的现象,胰岛素用量逐渐或突然增多,称为强化期。由于青春发育期性激素增多等变化,病情不甚稳定,胰岛素用量较大。

(4) 永久糖尿病期:青春期后,病情逐渐稳定,胰岛素用量比较恒定,称为永久糖尿病。

三、实验室检查与其他辅助检查

1. 尿液检查　　尿糖阳性。
2. 血糖　　空腹全血血糖≥6.7 mmol/L或血浆血糖≥7.8 mmol/L。有典型糖尿病症状且任意时刻(非空腹)血糖≥11.1 mmol/L或2 h口服葡萄糖耐量试验血糖水平≥11.1 mmol/L均可诊断为糖尿病。
3. 糖耐量试验(OGTT)　　仅用于无明显临床症状、尿糖偶尔阳性而血糖正常或稍增高者。采用口服葡萄糖法：试验当日自零时起禁食，在清晨按1.75 g/kg口服葡萄糖，最大量不超过75 g，每克加水2.5 mL，于3～5 min服完，在口服前(0 min)和服后60 min、120 min和180 min，分别采血测定血糖和胰岛素浓度。正常人0 min血糖<6.2 mmol/L，口服葡萄糖后60 min和120 min时血糖分别低于10.0 mmol/L和7.8 mmol/L，糖尿病患儿120 min血糖≥11.1 mmol/L，且血清胰岛素峰值低下。
4. 糖化血红蛋白　　反映过去3个月的血糖平均水平。
5. 血气分析　　酮症酸中毒时，pH<7.30，HCO_3^-<15 mmol/L。

四、治疗

用胰岛素替代、饮食控制、运动和精神心理相结合的综合治疗方案治疗1型糖尿病。

1. 胰岛素治疗　　新诊断的患儿，开始治疗一般选用短效胰岛素(RI)，用量为每日0.5～1.0 U/kg。分4次于早、中、晚餐前30 min及临睡前皮下注射1次(早餐前用量占30%～40%，中餐前用量占20%～30%，晚餐前用量占30%，临睡前用量占10%)，以后可过渡到短、中效胰岛素配合使用，根据血糖调整胰岛素用量。
2. 饮食控制　　必须与胰岛素治疗同步进行，以维持正常血糖和保持理想体重。
3. 运动治疗　　不限制患儿参加任何形式运动。在进行大运动量时应注意进食，防止低血糖。
4. 糖尿病酮症酸中毒处理　　① 液体疗法：纠正脱水、酸中毒和电解质紊乱。酮症酸中毒时脱水量约为100 mL/kg，可按此计算输液量，再加继续丢失量后为24 h总液量。补液开始先给生理盐水20 mL/kg快速静脉输入，以扩充血容量，改善微循环，再依据血钠决定给予1/2或1/3张不含糖的液体。在前8 h输入总量的一半，余量在此后的16 h输入，同时见尿补钾。只有pH<7.2时，才用碱性液纠正酸中毒。② 胰岛素应用：采用小剂量胰岛素持续静脉输入，用量为每小时0.1 U/kg。每小时检测血糖1次，防止血糖下降过快。

五、护理诊断

1. 营养失调：低于机体需要量　　与胰岛素缺乏所致代谢紊乱有关。
2. 潜在并发症：酮症酸中毒、低血糖
3. 有感染的危险　　与蛋白质代谢紊乱所致抵抗力低下有关。
4. 知识缺乏　　与患儿及家长缺乏糖尿病控制的有关知识和技能有关。

六、护理措施

1. 饮食控制　　饮食的选择应考虑患儿的年龄、体重、生长发育及运动量等因素。饮食成分的分配为：碳水化合物50%、蛋白质20%、脂肪30%，3岁以下儿童蛋白质含量可稍高，且一半以上为动物蛋白。全日热量分三餐，早、中、晚分别占1/5、2/5、2/5，每餐留少量食物作为餐间点心。当患儿游戏增多时可给少量加餐或适当减少胰岛素的用量。食物应富含蛋白质和纤维素，限制纯糖和饱和脂肪酸。进食定时、定量，饮食控制以能保持正常体重，减少血糖波动，维持血脂正常为原则。
2. 指导胰岛素的使用　　用同一型号的注射器注射胰岛素以保证剂量的绝对准确，注射部位可选用股前部、腹壁、上臂外侧、臀部，每次注射须更换部位，以免局部皮下脂肪萎缩硬化。根据血糖、尿糖监测结果，每2～3 d调整胰岛素剂量1次，直至尿糖不超过"++"。

3. **适当运动** 不在空腹时运动,以进餐 1 h 后、2~3 h 以内为宜,有低血糖症状时可加餐。

4. **防治糖尿病酮症酸中毒** 密切观察病情变化,监测血气、电解质,以及血和尿液中糖和酮体的变化。纠正水、电解质、酸碱平衡的紊乱,保证出入量的平衡。协助胰岛素治疗,严密监测血糖波动。

七、健康指导

预防感染,按时做血糖、尿糖测定预防并发症。指导患儿及家长一旦发生心慌、软弱、脉速、多汗等低血糖现象,立即平卧,进食糖水或糖块,必要时医院就诊静脉注射 50% 葡萄糖注射液。提供长期的心理支持,帮助患儿保持良好的营养状态、适度的运动,并建立良好的人际关系以减轻心理压力。患儿逐渐学会自我护理,增强自信心。

知识拓展

胰岛素泵*

胰岛素泵能模拟正常胰腺的胰岛素分泌模式,持续 24 h 向患者体内输入微量胰岛素,更利于血糖的控制。胰岛素泵一般使用短效胰岛素或速效胰岛素类似物,但胰岛素使用剂量低于一般治疗方案。长期佩戴胰岛素泵的患儿,应注意注射局部的消毒和保持清洁,并定期更换部位,以防感染。

* 引自:王卫平.儿科学.8 版.北京:人民卫生出版社,2013.

小 结

儿童糖尿病
- 临床表现
  - 典型症状:多尿、多饮、多食和体重下降
  - 儿童糖尿病特殊的自然病程
- 确诊方法:查尿糖、血糖、糖耐量试验、糖化血红蛋白
- 治疗:胰岛素替代、饮食控制、运动和精神心理相结合的综合治疗
- 护理:饮食控制、指导胰岛素的使用、适当运动、防治糖尿病酮症酸中毒、健康宣教
- 糖尿病酮症酸中毒处理重点:纠正脱水、酸中毒和电解质紊乱及胰岛素持续应用

【思考题】

患儿,男,6 岁,因多饮、多尿、多食、体重下降 1 月余收治入院。询问病史,近 1 个月来,患儿明显多饮、多尿、多食,且体重下降。查体:T 37.4℃,体重 17 kg。实验室检查:血糖 15 mmol/L,尿糖"++"。

(1) 该患儿初步诊断是什么?
(2) 主要护理诊断是什么?
(3) 护理措施中饮食控制措施有哪些?

(钱 敏 刘艳林)

第十四章

免疫性疾病患儿的护理

学习要点

- **掌握**：过敏性紫癜和皮肤黏膜淋巴结综合征的护理诊断、护理措施及健康指导。
- **熟悉**：上述疾病及风湿热的临床表现、风湿热心脏炎的护理措施。
- **了解**：儿童免疫系统发育特点、免疫缺陷病的临床表现。

第一节 儿童免疫系统发育特点

一、非特异性免疫

非特异性免疫是人生下来就具有的天然免疫力。主要包括：屏障防御机制、细胞吞噬系统、补体系统和其他免疫分子作用。这些免疫功能构成机体的第一道防线，当病原体入侵时首先发挥作用。

二、特异性免疫

特异性免疫是在非特异性免疫的基础上，由免疫器官和免疫活性细胞完成的，包括细胞免疫和体液免疫。前者包括骨髓、胸腺、脾、淋巴结；后者主要是T细胞和B细胞，T细胞主要参与细胞免疫，B细胞主要参与体液免疫。

第二节 原发性免疫缺陷病

一、概述

原发性免疫缺陷病（primary immunodeficiency disease，PID）是指免疫细胞和免疫分子发生缺陷引起的免疫反应缺如或降低，导致机体抗感染功能低下的一组临床综合征。本病有遗传倾向，往往在婴幼儿和儿童期发病。

二、临床表现

共同表现主要为：① 反复和慢性感染是免疫缺陷最常见的症状，呼吸道感染最常见；② 自身免疫性疾病和肿瘤，尤以淋巴系统肿瘤多见；③ 其他伴随症状常见特殊面容、先天性心脏病、难以控制

的惊厥、出血倾向等;④ 有遗传性。特殊表现除反复感染外,不同的免疫缺陷可有不同的临床特征。

三、实验室检查与其他辅助检查

(1) 迟发皮肤过敏试验和淋巴细胞转化试验。
(2) 血清免疫球蛋白含量的测定。
(3) 基因突变分析。
(4) 婴儿期胸部 X 线片缺乏胸腺影,提示 T 细胞功能缺陷。

四、治疗要点

一般处理包括预防和治疗感染,注重营养。替代治疗,免疫重建与基因治疗以恢复免疫功能。

五、护理诊断

1. 有感染的危险　　与免疫功能缺陷有关。
2. 焦虑　　与反复感染、预后较差有关。

六、护理措施

护理重点是采用多种措施预防感染。给予保护性隔离,密切观察病情变化,食物应含足够热量、蛋白质和维生素,保证营养的摄入,增强机体的抵抗力。做好心理护理。严重免疫缺陷患儿禁忌接种活疫苗,免疫抑制类药物应慎用。介绍本病的病因、预防感染的知识、疫苗接种的注意事项、主要的治疗方法及护理方法。做好遗传咨询。

第三节　风 湿 热

一、概述

风湿热是继发于 A 族 β 溶血性链球菌性咽峡部的迟发免疫性炎症反应。临床表现为发热,多伴有关节炎、心肌炎。6～15 岁患儿多见。以寒冷、潮湿地区发病率高,如治疗不彻底可形成慢性风湿性心瓣膜病。

二、临床表现

发生于咽峡部链球菌感染后,潜伏期长短不一,一周至数周。如不进行预防,可反复周期性发作。

1. 一般表现　　发热,热型不规则,有面色苍白、食欲差、疲倦、腹痛等。
2. 心脏炎症　　是本病最严重的表现,以心肌炎及心内膜炎多见,亦可发生全心炎。心内膜炎主要侵犯二尖瓣,其次为主动脉瓣。多次复发可使心瓣膜形成永久性瘢痕,导致风湿性心瓣膜病。
3. 关节炎　　以游走性和多发性为特点,常累及膝、踝、肘、腕等大关节,局部出现红、肿、热、痛,活动受限。治疗后关节可不留畸形。
4. 舞蹈病　　女童多见,表现为挤眉、弄眼、努嘴、伸舌等奇异面容和颜面肌肉抽动、耸肩等动作,在兴奋或注意力集中时加剧,入睡后消失。
5. 皮肤症状　　包括皮下小结和环形红斑。

三、实验室检查与其他辅助检查

白细胞计数增高,血沉增快、C-反应蛋白阳性和黏蛋白增高为风湿活动的重要标志。85%的患儿抗链球菌溶血素"O"滴度升高。

四、治疗

一般治疗包括卧床休息、加强营养等,清除链球菌感染,抗风湿热治疗,对症治疗。

五、护理诊断

1. 心输血量减少　　与心脏受损有关。
2. 疼痛　　与关节受累有关。
3. 体温过高　　与感染的病原体毒素有关。
4. 焦虑　　与发生心脏损害有关。

六、护理措施

1. 加强饮食管理　　给予易消化、富有蛋白质、糖类及维生素C的饮食。少量多餐,心力衰竭患儿适当地限制盐和水,保持大便通畅。
2. 监测病情、限制活动　　注意患儿面色、呼吸、心率、心律及心音的变化,有心力衰竭表现应及时处理。发热、关节炎肿痛者,卧床休息至急性症状消失。无心脏炎症者大约1个月,合并心脏炎症者需至少2个月,心脏炎症伴心力衰竭后卧床6个月后逐渐恢复日常活动。缓解关节疼痛,按医嘱抗风湿治疗。做好用药及心理护理。注意患儿面色、呼吸、心率、心律及心音的变化,有无心力衰竭表现。记录出入量。

七、健康指导

讲解疾病的相关知识和护理要点,使家长学会观察病情,预防感染和防止疾病复发的各种措施。强调预防复发的重要性,预防药物首选长效青霉素120万U肌内注射,每3～4周1次,至少持续5年,最好持续到25岁,有风湿性心脏病者,宜终身药物预防。

第四节　过敏性紫癜

一、概述

过敏性紫癜,又称亨-舒综合征,是以全身小血管炎为主要病变的血管炎综合征。临床表现为非血小板减少性皮肤紫癜,伴关节肿痛、腹痛、便血和血尿、蛋白尿等。病因尚不清楚,目前认为与某种致敏因素引起的自身免疫反应有关。

二、临床表现

多为急性起病,病前1～3周常有上呼吸道感染史。

1. 皮肤紫癜　　常为首发症状,反复出现为本病特征,多见于下肢和臀部,以下肢伸面为多,对称分布,严重者累及上肢,面部及躯干少见。初起为紫红色斑丘疹,高出皮肤,压之不褪色,此后颜色加深呈暗紫色,最终呈棕褐色而消退。少数重症患儿紫癜可大片融合形成大疱伴出血性坏死。
2. 消化道症状　　约半数以上患儿可出现消化道症状,常见脐周或下腹部腹痛,伴恶心、呕吐或便血。
3. 关节症状　　约1/3患儿出现关节肿痛,多累及膝、踝、肘、腕等大关节,表现为关节肿胀、疼痛和活动受限,多在数日内消失而不遗留关节畸形。

4. 肾脏症状　30%～50%患儿有肾脏损害的临床表现。多数患儿出现血尿、蛋白尿及管型,伴血压增高和水肿,称为紫癜性肾炎。少数呈肾病综合征表现。

三、实验室检查与其他辅助检查

白细胞数正常或轻度增高,中性和嗜酸性粒细胞可增高。血小板计数正常甚至升高,出凝血时间正常,血块退缩试验正常。肾脏受损可有血尿、蛋白尿、管型;血清IgA浓度升高,粪便潜血试验阳性。腹部超声波检查有利于早期诊断肠套叠。

四、治疗

积极寻找和去除致病因素,肾上腺皮质激素和免疫抑制剂的应用,抗凝治疗及对症治疗。

五、护理诊断

1. 皮肤完整性受损　与血管炎有关。
2. 疼痛　与关节肿痛、肠道炎症有关。
3. 潜在并发症:消化道出血、紫癜性肾炎

六、护理措施

1. 饮食管理　给患儿少渣或无渣易消化的饮食,明确禁忌的食物,病初须暂时禁食动物蛋白。有消化道出血时应禁食,静脉补液。
2. 缓解疼痛　观察患儿关节疼痛及肿胀程度,协助患肢采取不同的功能位置。教会患儿利用放松等方法减轻疼痛。患儿腹痛时应卧床休息,按医嘱使用肾上腺皮质激素,以缓解关节疼痛和解除痉挛性腹痛。
3. 恢复皮肤的正常形态和功能　观察、记录皮疹变化情况;保持皮肤清洁,防擦伤和患儿抓伤;避免接触各种可能的致敏原,同时按医嘱使用止血药、脱敏药等。
4. 监测病情　有消化道出血时,应卧床休息,限制饮食,给予无渣流食,出血量多时要考虑输血并禁食,经静脉补充营养。观察尿色、尿量,定时做尿常规检查,若有血尿和蛋白尿,提示紫癜性肾炎,按肾炎护理。

七、健康指导

过敏性紫癜可反复发作或并发肾损害,给患儿和家长带来不安和痛苦,故应针对具体情况予以解释,帮助其树立战胜疾病的信心。指导家长和患儿学会观察病情,合理调配饮食。指导其尽量避免接触各种可能的过敏原及定期去医院复查。

第五节　皮肤黏膜淋巴结综合征

一、概述

皮肤黏膜淋巴结综合征又称川崎病,是一种以全身血管炎为主要病变的急性发热出疹性儿童疾病。

二、临床表现

1. 主要表现
(1) 发热:呈稽留热或弛张热,持续1～2周,甚至更长,抗生素治疗无效。

(2) 皮肤表现：皮疹在发热或发热后出现，呈向心性、多形性，常见的为斑丘疹、多形红斑样或猩红热样，无疱疹及结痂，躯干部多见，手足皮肤呈广泛性硬性水肿，手掌和脚底早期出现潮红，恢复期指（趾）端膜状脱皮，重者指（趾）甲亦可脱落，此为川崎病的典型临床特点。肛周皮肤发红、脱皮。

(3) 黏膜表现：双眼球结膜充血，但无脓性分泌物或流泪；口唇潮红、皲裂或出血，舌乳头明显突起、充血呈杨梅舌。

(4) 颈淋巴结肿大。

2. **心脏表现** 可于发病后1～6周出现心肌炎、心包炎和心内膜炎；冠状动脉瘤常在疾病的第2～4周发生，心肌梗死和巨大冠状动脉瘤破裂可导致心源性休克甚至猝死。

3. **其他** 可有间质性肺炎、无菌性脑膜炎、消化系统症状、关节痛和关节炎。

三、实验室检查与其他辅助检查

白细胞计数增高，血沉加快，C-反应蛋白阳性，免疫球蛋白增高。需做X线检查、冠状动脉造影、心电图检查等。

四、治疗

阿司匹林为首选药物，如有冠状动脉病变时，根据血小板数调整剂量、疗程直至冠状动脉病变恢复正常。静脉注射丙种球蛋白可明显降低急性期冠状动脉病变的发病率，对已形成冠状动脉瘤者可使其早期退缩。宜于发病早期应用。丙种球蛋白无效者可考虑使用糖皮质激素，也可与阿司匹林和双嘧达莫合并使用。根据病情对症支持治疗。

五、护理诊断

1. **体温过高** 与感染、免疫反应等因素有关。
2. **皮肤完整性受损** 与小血管炎有关。
3. **口腔黏膜受损** 与小血管炎有关。
4. **潜在并发症：心脏受损**

六、护理措施

1. **降低体温** 急性期患儿应绝对卧床休息。监测体温变化、观察热型及伴随症状。给予清淡的高热量、高维生素、高蛋白质的流质或半流质饮食。按医嘱用药并注意观察应用阿司匹林是否有出血倾向和静脉注射丙种球蛋白有无过敏反应。

2. **皮肤护理** 保持皮肤清洁，剪短指甲；衣被质地柔软而清洁，每次便后清洗臀部；对半脱的痂皮用干净剪刀剪除，切忌强行撕脱，防止出血和继发感染。

3. **黏膜护理** 评估患儿口腔卫生习惯及进食能力，观察口腔黏膜病损情况，每日晨起、睡前、餐前、餐后漱口，以保持口腔清洁。口唇干裂者可涂护唇油；禁食生、辛、硬的食物，必要时遵医嘱给予药物涂擦口腔创面；每日用生理盐水洗眼1～2次，也可涂眼膏，以保持眼的清洁，预防感染。

4. **监测病情** 密切监测患儿有无心血管损害的表现，如面色、精神状态、心率、心律、心音、心电图异常，并采取相应的护理措施。

七、健康指导

及时向家长交代病情，并给予心理支持。指导家长观察病情，定期带患儿复查，对于无冠状动脉病变患儿，于出院后1个月、3个月、6个月及1年全面检查1次。有冠状动脉损害者密切随访。

笔记栏

知识拓展

川崎病并发冠状动脉瘤的高危因素[*]

男性;年龄>1岁;热程大于16 d或反复发热;白细胞>$30×10^9$/L;血沉>101 mm/h;血沉和C-反应蛋白增加大于30 d;血沉和C-反应蛋白反复增加;心电图异常,表现为Ⅱ、Ⅲ、aVF导联和(或)心前区导联异常Q波;心肌梗死症状体征。

[*] 引自:崔焱.儿科护理学.5版.北京:人民卫生出版社,2013.

小 结

1. 过敏性紫癜
   - 临床表现:非血小板减少性皮肤紫癜,伴关节肿痛、腹痛、便血和血尿、蛋白尿等多系统表现
   - 实验室检查与其他辅助检查:血小板计数正常
   - 护理:恢复皮肤的正常形态和功能、缓解疼痛、病情监测、健康教育(尽量避免接触各种可能的过敏原)

2. 川崎病
   - 临床表现
     - 发热:呈稽留热或弛张热,抗生素治疗无效
     - 皮肤表现:川崎病的典型皮疹呈向心性、多形性,手足皮肤呈广泛性硬性水肿,恢复期指(趾)端膜状脱皮
     - 黏膜表现:双眼球结膜充血,口唇潮红、皲裂或出血,草莓舌颈淋巴结肿大
     - 心脏表现:心肌炎、心包炎和心内膜炎,冠状动脉瘤
   - 治疗:阿司匹林为首选药物
   - 护理:降低体温、卧床休息,皮肤、黏膜护理,监测病情、观察心血管损害的表现,强调随访时间及注意事项

【思考题】

患儿,女,2岁,因发热1周伴皮疹1 d入院。体温38.5~40℃,无寒战,使用退热药无效。查体:T 39.0℃,P 132次/分,R 40次/分。神志清楚,精神差,热性面容,皮肤可见斑丘疹,躯干部多见。右颈旁可触及数个肿大淋巴结,如花生米大小。双眼球结膜充血。口唇干裂,可见血痂,口腔黏膜潮红,舌乳头突起呈杨梅舌。手足弥漫性红肿,手指、脚趾肿胀,拒触,触之有发硬的感觉。辅助检查:白细胞计数$15.0×10^9$g/L,中性粒细胞70%,淋巴细胞30%。

(1) 该患儿的初步诊断是什么?
(2) 护理诊断和相应的护理措施有哪些?对患儿家长进行哪些健康教育?

(宋祥芳 陈玉瑛)

第十五章

感染性疾病患儿的护理

学习要点

- **掌握**：① 麻疹、水痘、流行性腮腺炎、手足口病、中毒型细菌性痢疾、结核病的流行病学特点、临床表现及治疗要点；② PPD 试验的判断及结果分析。
- **熟悉**：原发性肺结核、结核性脑膜炎的辅助检查及治疗要点。
- **了解**：结核病的治疗用药及方案。

第一节 麻 疹

一、概述

麻疹是由麻疹病毒引起的一种急性出疹性呼吸道传染病，临床上以发热、上呼吸道炎、结膜炎、口腔麻疹黏膜斑、全身斑丘疹及疹退后遗留色素沉着伴糠麸样脱屑为特征。麻疹患者是唯一的传染源，出疹前后 5 d 均有传染性，有并发症的患者传染性可延长至出疹后 10 d，对接触麻疹的易感儿应隔离观察 3 周。

二、临床表现

1. 典型麻疹

(1) 潜伏期：一般为 6~18 d，平均 10 d 左右。潜伏期末可有低热、全身不适。

(2) 前驱期：亦称出疹前期，从发热开始至出疹常持续 3~4 d。主要表现为发热、上呼吸道感染症状、麻疹黏膜斑（早期特征性体征，出疹前 1~2 d 出现），可有全身不适、精神不振、食欲减退、吐泻等。

(3) 出疹期：一般 3~5 d，多在发热后 3~4 d 后出疹。皮疹先出现于耳后、发际，渐及额、面、颈部，自上而下蔓延至躯干、四肢，最后达手掌与足底。皮疹初为红色斑丘疹，以后逐渐融合成片，色加深呈暗红。全身中毒症状加重，肺部可及少量干、湿啰音。

(4) 恢复期：出疹 3~4 d 后皮疹按出疹的先后顺序开始消退，体温逐渐降至正常，疹退后皮肤有棕色色素沉着伴糠麸样脱屑，7~10 d 后痊愈。

2. 非典型麻疹 轻型麻疹、重型麻疹、异型麻疹、无皮疹型麻疹。

3. 并发症 最常见肺炎，其次喉炎、心肌炎及麻疹脑炎。

二、实验室检查与其他辅助检查

1. 血常规 血白细胞总数减少，淋巴细胞相对增多。

2. 血清学检查　　麻疹病毒特异性 IgM 抗体检测,出疹早期即可出现阳性。

3. 病毒学检查　　前驱期或出疹初期从呼吸道分泌物中分离出麻疹病毒,或用免疫荧光法检测到麻疹病毒抗原,可早期快速帮助诊断。

四、治疗

对症治疗;保持水、电解质及酸碱平衡;加强护理和防治并发症。

五、护理诊断

1. 体温过高　　与病毒血症、继发感染有关。
2. 皮肤完整性受损　　与麻疹病毒引起的皮损有关。
3. 营养失调:低于机体需要量　　与食欲下降、高热消耗增加有关。
4. 潜在并发症:肺炎、脑炎、心肌炎、喉炎

六、护理措施

1. 一般护理　　不宜用药物及物理方法强行降温,禁用冷敷及乙醇擦浴。可用小剂量退热剂或温水擦浴。烦躁患儿适当镇静。频繁剧咳者予祛痰剂或雾化吸入。

2. 保持皮肤黏膜完整性

(1) 皮肤护理:勤换内衣,保持皮肤清洁。剪短指甲,避免患儿抓伤皮肤引起继发感染。

(2) 口、眼、耳、鼻部的护理:常用生理盐水或漱口液洗漱口腔;眼部避免强光刺激,眼痂用生理盐水洗净,再滴入抗生素眼药水或眼膏,并加服鱼肝油预防干眼症;防止眼泪或呕吐物流入耳道,引起中耳炎;鼻腔分泌物多时易形成鼻痂,可用湿润棉签轻轻拭除以保持鼻腔通畅。

3. 观察病情　　持续高热、咳嗽加剧、呼吸困难及肺部细湿啰音等为并发肺炎的表现;声音嘶哑、犬吠样咳嗽、吸气性呼吸困难及三凹征等为并发喉炎的表现;抽搐、意识障碍、脑膜刺激征等为并发脑炎的表现。

4. 预防感染的传播　　管理传染源、切断传播途径、保护易感儿。

七、健康指导

向家长介绍麻疹的主要临床表现、常见并发症和预后,并向家长说明隔离的重要性,使其能积极配合治疗。无并发症的轻症患儿可在家中隔离,指导家长做好消毒隔离、皮肤护理等,防止继发感染。

第二节　水　痘

一、概述

水痘是由水痘-带状疱疹病毒引起的一种传染性极强的出疹性疾病。临床特点为皮肤黏膜分批出现和同时存在斑疹、丘疹、疱疹和结痂等各类皮疹,全身症状轻微。水痘患者是唯一的传染源,主要通过空气飞沫经呼吸道传染,也可通过直接接触患者疱疹液或被污染的用具而感染。从出疹前 1~2 d 至病损结痂,均有很强的传染性。

二、临床表现

1. 典型水痘　　潜伏期 2 周左右,前驱期 1 d 左右。皮疹特点:① 首发于头、面和躯干,继而扩展到四肢。向心性分布,躯干多,四肢少。② 初为红色斑疹或丘疹,迅速发展为清亮、椭圆形的水

疱,周围红润。疱液先透明后浑浊,出现脐凹现象,易破溃,2~3 d迅速结痂。③ 皮疹陆续分批出现,伴明显瘙痒感。高峰期可见到斑疹、丘疹、疱疹和结痂同时存在。轻型水痘多为自限性疾病,10天左右痊愈,皮疹结痂后一般不留瘢痕。

2. 重症水痘　　患儿持续高烧和全身中毒症状明显,皮疹分布广泛,可融合成大疱型疱疹或出血性皮疹,如继发感染或伴血小板减少而发生暴发性紫癜。

3. 并发症　　皮肤继发感染最常见。

三、实验室检查与其他辅助检查

血常规示白细胞总数正常或稍低;刮取新鲜疱疹基底组织和疱疹液涂片,瑞氏染色见多核巨细胞;血清水痘病毒特异性IgM抗体检测,可早期帮助诊断;双份血清特异性IgG抗体滴度4倍以上增高有助诊断。

四、治疗

抗病毒药物首选阿昔洛韦,一般在皮疹出现的48 h内开始使用。口服每次20 mg/kg,每日4次;重症患者需静脉给药,每次10~20 mg/kg,每8 h 1次。

五、护理诊断

1. 皮肤完整性受损　　与水痘病毒引起的皮疹及继发感染有关。
2. 体温过高　　与病毒血症有关。
3. 潜在并发症:脑炎、肺炎、败血症

六、护理措施

1. 保护皮肤完整性　　剪短指甲或戴连指手套,避免搔破皮疹,引起继发感染或留下瘢痕。疱疹未破溃处涂炉甘石洗剂或5%碳酸氢钠溶液;疱疹已破溃、有继发感染者,局部用抗生素软膏,或遵医嘱口服抗生素。
2. 生活护理　　卧床休息到热退、症状减轻。避免患儿不适而增加皮肤瘙痒感。
3. 预防感染传播　　隔离患儿至皮疹全部结痂为止,易感儿接触后隔离观察3周。

七、健康指导

向家长介绍水痘皮疹的特点、护理要点及隔离的重要性,以取得家长的配合。无并发症的患儿可在家中隔离治疗,指导家长进行皮肤护理,防止继发感染,并给予患儿足够的水分和营养。

第三节　流行性腮腺炎

一、概述

流行性腮腺炎是由腮腺炎病毒引起的急性呼吸道传染病,临床上以腮腺肿大及疼痛为特征,各种唾液腺体及器官均可受累。腮腺炎患者和健康带病毒者是本病的传染源,主要传播途径为呼吸道飞沫传播,或直接接触经唾液污染的玩具和食具传播。

二、临床表现

典型表现为腮腺肿胀、颌下腺和舌下腺肿胀及不同程度的发热。肿大的腮腺以耳垂为中心,向

前、后、下发展,边缘不清,表面发热但多不红,触之有弹性并有触痛,开口咀嚼或吃酸性食物时胀痛加剧。腮腺肿大可持续5d左右,以后逐渐消退。常并发脑膜脑炎、卵巢炎、睾丸炎、胰腺炎等。

三、实验室检查与其他辅助检查

1. 血、尿淀粉酶测定增高　　增高程度大致与腮腺肿大程度成正比,第1周达高峰,2周左右恢复正常。

2. 血清学检查　　血清中腮腺炎病毒特异性IgM抗体阳性提示有近期感染。

四、治疗

以对症处理为主。发病早期可使用利巴韦林每日10～15 mg/kg静脉滴注,疗程5～7天。重症患儿可短期使用肾上腺素激素治疗。中药治疗常用普济消毒饮内服和青黛散调醋局部外敷等。

五、护理诊断

1. 疼痛　　与腮腺非化脓性炎症有关。
2. 体温过高　　与病毒感染有关。
3. 潜在并发症:脑膜脑炎、睾丸炎、胰腺炎

六、护理措施

1. 促进舒适　　清淡易消化的半流质或软食,忌刺激性食物,多饮水,进食后用生理盐水或4%硼酸溶液漱口,保持口腔清洁;冷敷或中药湿敷腮腺肿胀处。睾丸炎时可用丁字带托起阴囊,局部间歇冷敷以减轻疼痛。

2. 预防感染传播　　隔离患儿至腮腺肿大完全消退。易感儿接触后隔离观察3周。

七、健康指导

无并发症的患儿可在家中隔离治疗,说明隔离的重要性,介绍减轻疼痛的方法,使家长及患儿能积极配合。指导家长学会观察病情,若有并发症表现,应及时送医院就诊。

第四节　手足口病

一、概述

手足口病是由肠道病毒引起的急性传染病,以肠道病毒71型、柯萨奇A组16型多见。主要症状表现为手、足、口腔等部位的斑丘疹、疱疹。致死原因主要为脑干脑炎及神经源性肺水肿。患者及隐性感染者均为传染源。传播途径主要为粪-口传播、飞沫传播或密切接触传播。3岁以下年龄组发病率最高。

二、临床表现

根据病情的轻重程度,分为手足口病普通病例和重症病例。

1. 普通病例　　急性起病,发热,可伴咳嗽、流涕、食欲缺乏等症状。口腔黏膜出现散在疱疹或溃疡,多见于舌、颊黏膜和硬腭等处,可引起疼痛。手、足、臀等部分出现斑丘疹、疱疹,偶见于躯干部,呈离心性分布。疱疹周围可有炎性红晕,疱内液体较少。部分患儿仅表现为皮疹或疱疹性咽峡炎;个别患儿可无皮疹。皮疹消退后不留瘢痕,一般1周左右愈合。

2. 重症病例　　少数病例病情进展迅速,可出现脑膜炎、脑炎、脑脊髓炎、肺水肿、循环障碍等,极少数病例病情危重可至死亡,存活者可有后遗症。

(1) 神经系统受累:多发生在病程 1~5 d 内,患儿可持续高热,出现中枢神经系统损害表现,如精神差、嗜睡或易怒、头痛、呕吐、烦躁、肢体抖动、急性肢体无力、颈项强直等,腱反射减弱或消失,Kernig 征和 Brudzinski 征阳性。

(2) 呼吸系统受累:呼吸浅促、呼吸困难或呼吸节律改变,口唇发绀,咳嗽加剧,咳白色、粉红色或血性泡沫样痰液,肺部可闻及痰鸣音。

(3) 循环系统受累:心动过速或过缓,面色苍白,皮肤出现花纹,四肢冷,指(趾)端发绀,持续血压降低或休克。

三、实验室检查与其他辅助检查

1. 血常规　　白细胞计数正常或降低,病情危重者白细胞计数可明显升高。
2. 脑脊液检查　　外观清亮,压力增高,白细胞增多,单核细胞为主,蛋白正常或轻度增多,糖和氯化物正常。
3. 血清学检查　　病原学检查出病毒可以确诊。

四、治疗

以对症治疗为主。

1. 重症病例　　使用甘露醇等脱水剂降低颅内高压;适当控制液体入量;及时应用血管活性药物,同时给予氧疗和呼吸支持;酌情使用丙种球蛋白、糖皮质激素;根据病情应用呼吸机,进行正压通气或高频通气。
2. 恢复期治疗　　给予支持疗法,促进各脏器功能恢复;肢体功能障碍者予康复治疗。

五、护理诊断

1. 体温过高　　与病毒感染有关。
2. 皮肤完整性受损　　与病毒引起的皮损有关。
3. 潜在并发症:脑膜炎、肺水肿、呼吸衰竭、心力衰竭

六、护理措施

密切观察病情,加强皮肤护理,维持正常体温,做好消毒隔离以预防感染的传播。向家长介绍手足口病的流行特点、临床表现及预防措施。不需住院治疗的患儿可在家中隔离,教会家长做好口腔、皮肤护理及病情观察,如有病情变化应及时到医院就诊。

第五节　中毒型细菌性痢疾

一、概述

细菌性痢疾是由志贺菌属引起的肠道传染病,而中毒型细菌性痢疾则是急性细菌性痢疾的危重型。起病急骤,突然高热、嗜睡、惊厥,迅速发生休克及昏迷,病死率高。急性、慢性痢疾患者及带菌者是主要传染源,通过消化道传播。

二、临床表现

潜伏期 1~2 d,短者数小时。起病急,发展快,多数患儿体温可达 40℃以上,迅速发生呼吸衰

竭、休克和昏迷,肠道症状多不明显。细菌性痢疾可分3个型:① 休克型(皮肤内脏微循环障碍型):主要表现为感染性休克。② 脑型(脑微循环障碍型):因脑缺氧、水肿而发生反复惊厥、昏迷、呼吸衰竭。③ 肺型(肺微循环障碍型):又称呼吸窘迫综合征,病情危重,病死率高。

三、治疗

病情凶险,需及时抢救。降温止惊、选用两种敏感的抗生素控制感染、抗休克治疗、防治脑水肿和呼吸衰竭。

四、护理诊断

1. 体温过高　　与毒血症有关。
2. 组织灌注量不足　　与微循环障碍有关。
3. 潜在并发症:脑水肿、呼吸衰竭等
4. 焦虑　　与病情危重有关。

五、护理措施

(1) 控制体温;保证营养供给,禁食易胀气、多渣等刺激性食物;维持有效血液循环;防止脑水肿和呼吸衰竭;预防感染传播。

(2) 向家长讲解防治知识,加强卫生宣教。定期对饮食行业或托幼机构员工进行大便培养,及早发现带菌者并予以治疗。搞好环境卫生,加强水源、饮食、粪便管理,积极灭蝇等。

第六节　结　核　病

一、概述

结核病是由结核分枝杆菌引起的慢性感染性疾病,以肺结核最为多见。感染结核分枝杆菌后机体可获免疫力,90%可终身不发病,5%当即就发病,即原发性肺结核,5%于日后免疫力降低时发病,即继发性肺结核。开放性肺结核患者是主要传染源。呼吸道为主要传染途径,亦可经消化道传播。

二、实验室检查与其他辅助检查

1. **结核菌素试验**　　儿童受结核分枝杆菌感染4~8周后结核菌素试验即呈阳性反应。

(1) 试验方法:皮内注射 0.1 mL 含 5 个结核菌素单位的纯蛋白衍生物(PPD)。一般在左前臂掌侧面中下 1/3 交界处行皮内注射,使之形成直径为 6~10 mm 的皮丘。若患儿结核变态反应强烈,如患疱疹性结膜炎、结节性红斑或一过性多发性结核过敏性关节炎等,宜用 1 个结核菌素单位的 PPD 试验,以防局部的过度反应及可能的病灶反应。

(2) 结果判断:48~72 h 后判断结果,一般以 72 h 为准观察反应结果。测定局部硬结的直径,取纵、横两直径的平均值来判断其反应强度。硬结平均直径<5 mm 为阴性(—),5~9 mm 一般为阳性(+),10~19 mm 为中度阳性(++),≥20 mm 为强阳性(+++),局部除硬结外,还可见水疱、破溃、淋巴管炎及双圈反应等为极强阳性反应(++++)。

(3) 临床意义

1) 阳性反应见于:① 接种卡介苗后;② 年长儿无明显临床症状,仅呈一般阳性反应的幼儿,表示曾感染过结核杆菌;③ 婴幼儿,尤其是未接种过卡介苗的幼儿,中度阳性反应多表示体内有新的结核病灶。年龄愈小,活动性结核的可能性愈大;④ 强阳性反应的幼儿,表示体内有活动性结核病;

⑤ 由阴性反应转为阳性反应,或反应强度由原来小于 10 mm 增至大于 10 mm,且增幅超过 6 mm,表示新近有感染。

2) 阴性反应见于:① 未感染过结核;② 结核迟发性变态反应前期(初次感染后 4～8 周内);③ 假阴性反应,由于机体免疫功能低下或受抑制所致;④ 技术误差或结核菌素失效。

2. 其他实验室检查

(1) 结核分枝杆菌检查:从痰液、胃液、脑脊液或浆膜腔液中找到结核分枝杆菌是重要的确诊手段。

(2) 血沉快,反应结核病的活动性。

(3) 免疫学及分子生物学方法检测:检测出结核分枝杆菌物质。

3. 影像学检查　　X 线检查可检出病灶范围、性质、类型活动或进展情况。CT 检查对肺结核的诊断和鉴别诊断很有意义。

4. 其他辅助检查　　纤维支气管镜检查、周围淋巴结穿刺液涂片检查、肺活体组织检查等。

三、治疗

1. 一般治疗　　注意营养,选择富含蛋白质和维生素的食物。有明显结核中毒症状者应卧床休息。居住环境阳光充足,通风良好,门诊治疗需填报疫情,定期随诊。

2. 药物治疗　　目的是杀灭病灶中的结核杆菌,防止血行播散。治疗原则是早期治疗、适宜剂量、联合规律用药、坚持全程、分段治疗。常用药物包括:杀菌药物异烟肼(INH)、利福平(RFP)、链霉素(SM)、吡嗪酰胺(PZA)和抑菌药物乙胺丁醇(EMB)及乙硫异烟胺(ETH)等。抗结核治疗方案如下。

(1) 标准疗法:一般用于无明显自觉症状的原发型肺结核。每日服用 INH、RFP 和(或)EMB,疗程 9～12 个月。

(2) 两阶段疗法:用于活动性原发型肺结核、急性粟粒性结核病及结核性脑膜炎。① 强化治疗阶段:联用 3～4 种杀菌药物,为化疗的关键阶段。在长程化疗时,此阶段一般需要 3～4 个月;短程疗法时一般为 2 个月。② 巩固治疗阶段:联用 2 种抗结核药物。在长程疗法时,此阶段长达 12～18 个月;短程疗法时,一般为 4 个月。

(3) 短程疗法:为结核病现代疗法的重大进展,直接监督下服药与短程化疗是 WHO 治愈结核病患者的重要策略。可选用以下 3 种 6～9 个月短程化疗方案:① 2HRZ/4HR(数字为月数,以下同);② 2SHRZ/4HR;③ 2EHRZ/4HR;若无 PZA 则将疗程延长至 9 个月。

四、预防

控制传染源、普及卡介苗接种、预防性抗结核治疗。

第七节　原发性肺结核

一、概述

原发性肺结核为结核杆菌初次侵入肺部后发生的原发感染,是儿童肺结核的主要类型,包括原发复合征与支气管淋巴结结核。

二、临床表现

起病缓慢,可有低热、食欲缺乏、疲乏、盗汗等结核中毒症状,多见于年龄较大儿童。婴幼儿及症状较重者可急性起病,高热可达 39～40℃,持续 2～3 周后转为低热,但一般情况尚好,与发热不相称,并伴结核中毒症状。干咳和轻度呼吸困难是最常见的症状。婴儿可表现为体重不增或生长

发育障碍。当胸内淋巴结高度肿大时,可产生压迫症状,出现喘鸣、声嘶、胸部静脉怒张、类似百日咳样痉挛性咳嗽等。可见周围淋巴结不同程度肿大,婴儿可伴肝大。

三、辅助检查

1. 结核菌素试验　　呈强阳性或由阴性转为阳性者,应做进一步检查。
2. 胸部X线检查　　可同时作正、侧位胸片检查。局部炎性淋巴结相对较大而肺部的初染灶相对较小是原发性肺结核的特征。支气管淋巴结结核在儿童原发性肺结核X线胸片最为常见,分两种类型,炎症型和结节型。
3. CT扫描　　有助于诊断疑诊肺结核但胸部平片正常的病例。
4. 纤维支气管镜检查　　结核病变蔓延至支气管内造成支气管结核时可发现异常。
5. 其他实验室检查

四、治疗

无明显症状者选用标准疗法;活动性原发性肺结核,宜采用直接督导下短程化疗。

五、护理诊断

1. 营养失调:低于机体需要量　　与疾病消耗及食欲下降有关。
2. 活动无耐力　　与结核杆菌感染、机体消耗增加有关。
3. 舒适度减弱:发热、咳嗽　　与结核杆菌感染所致结核性炎症有关。
4. 知识缺乏　　与家长及患儿缺乏结核病防治的相关知识有关。
5. 潜在并发症:抗结核药物不良反应
6. 有执行治疗方案无效的危险　　与治疗疗程长、家长及患儿缺乏信息来源、难以坚持治疗有关。

六、护理措施

保证营养摄入,建立合理的生活习惯,加强病情观察,做好消毒隔离。向家长介绍疾病相关知识,指导家长对居室、患儿用具进行消毒处理。告知化疗是治愈肺结核的关键,应坚持全程规范用药,定期复查。

第八节　结核性脑膜炎

一、概述

结核性脑膜炎简称结脑,是儿童结核病中最严重的类型,也是致死的主要原因。

二、临床表现

起病多较缓慢,病程大致分为以下3期。

1. 早期(前驱期)　　1~2周,主要症状为患儿性格改变,可有发热、食欲缺乏、盗汗、消瘦、呕吐、便秘等。头痛,但多轻微或非持续性,婴儿则表现为蹙眉皱额、凝视、嗜睡,或发育迟滞等。
2. 中期(脑膜刺激期)　　1~2周,因颅内压增高致剧烈头痛、喷射性呕吐、嗜睡或烦躁不安、惊厥等,出现明显脑膜刺激征。幼婴则表现为前囟膨隆、颅缝裂开。可出现脑神经障碍,最常见为面神经瘫痪。
3. 晚期(昏迷期)　　1~3周,上述症状逐渐加重,由意识模糊、半昏迷继而昏迷。阵挛性或强

笔记栏

直性惊厥频繁发作。患儿极度消瘦,呈舟状腹。常出现水、电解质代谢紊乱。最终因颅内压急剧增高导致脑疝而死亡。

三、辅助检查

脑脊液检查:脑脊液压力增高,呈无色透明、毛玻璃样或黄色;结核菌检出率高;白细胞增多,蛋白量增高;糖和氯化物降低。脑脊液结核菌培养是诊断结脑的可靠依据。

四、治疗原则

抗结核治疗和降低颅内压。

五、护理诊断

1. 潜在并发症:颅内压增高、水电解质紊乱等
2. 营养失调:低于机体需要量　　与摄入不足、消耗增多有关。
3. 有皮肤完整性受损的危险　　与长期卧床、排泄物刺激有关。
4. 焦虑　　与病情重、病程长、预后差有关。

六、护理措施

(1) 密切观察病情,维持正常生命体征;保证营养摄入;维持皮肤完整性;做好消毒隔离。
(2) 强调出院后坚持服药、定期复查的重要性。与患儿及家长一起制定良好的生活制度,劳逸结合,加强营养。积极预防和治疗各种急性传染病,避免与开放性结核患者接触。指导家长对患儿肢体及语言功能的锻炼。

知识拓展

重症手足口病诊断标准*

重症手足口病临床诊断标准,疑似病例伴有下列表现之一者:① 持续高热不退;② 肌无力、肢体抖动、抽搐等加重,意识障碍、腱反射减弱或消失、脑膜刺激征阳性;③ 面色苍白、心率增快、末梢循环不良、血压异常;④ 呼吸困难或节律不整、发绀、肺部湿啰音增多或出现肺实变体征;⑤ 外周血 WBC 计数明显增高($>15\times10^9$/L)或显著降低($<2\times10^9$/L);⑥ 血糖明显升高(>9 mmol/L);⑦ 胸片异常在短期内明显加重。

* 引自:中华人民共和国卫生部.医疗机构手足口病诊疗技术指南(试行).中华临床感染病杂志,2008,1(02):118.

小　结

1. 水痘
　病原体:水痘-带状疱疹病毒
　传染源:水痘患者
　传播途径:通过空气飞沫经呼吸道传染,也可通过接触患者疱疹脓液感染
　易感者:人群普遍易感,主要见于儿童

2. 结核病
　病原体:结核分枝杆菌
　传染源:开放性肺结核患者是主要传染源
　传播途径:以呼吸道为主,亦可经消化道传播
　治疗原则:早期治疗、适宜剂量、联合规律用药、坚持全程、分段治疗

【思考题】

患儿,女,6岁,3 d前开始发热,伴咳嗽、结膜充血、今晨发现患儿耳后、发际、颈部有红色斑丘疹,疹间皮肤正常。患儿眼结膜充血,口腔黏膜红,体温40℃,经检查,心、肺听诊正常。

(1) 患儿最有可能的医疗诊断是什么?

(2) 诊断依据是什么?

(宋祥芳　陈玉瑛)

第十六章

危重症患儿的护理

学习要点

- **掌握**：① 惊厥持续状态、急性呼吸衰竭、充血性心力衰竭的定义、临床表现及护理措施；② CPR 操作。
- **熟悉**：惊厥、急性呼吸衰竭、充血性心力衰竭及呼吸心搏骤停的病因、治疗及健康指导。
- **了解**：惊厥、急性呼吸衰竭、充血性心力衰竭及呼吸心搏骤停病理生理及辅助检查。

第一节 儿童惊厥

一、概述

惊厥是指全身或局部骨骼肌突然发生不自主收缩，以强直性或阵挛性收缩为主要表现，常伴有意识障碍。为儿科常见急症，以婴幼儿多见，反复发作可引起脑组织缺氧性损伤。其病因见表 16-1。

表 16-1 儿童惊厥病因

	感 染 性	非 感 染 性
颅 内	细菌、病毒、原虫、真菌	颅脑损伤、颅脑发育畸形、颅内占位、癫痫
颅 外	热性惊厥、感染中毒性脑病	代谢性疾病、电解质紊乱、窒息、缺血缺氧性脑病 化学毒物：毒鼠药、有机农药等

二、临床表现

1. **典型热性惊厥** 儿童时期最常见的惊厥性疾病。多见于 3 个月～5 岁儿童，常发生于上呼吸道感染的体温骤然上升阶段。呈全身强直-阵挛性发作，眼球固定、上翻或斜视，口吐白沫、牙关紧闭，面色发绀，部分患儿有大小便失禁，持续数秒至 10 min，发作停止后多入睡。除原发疾病症状外，不遗留任何神经系统体征。一次热性疾病中大多只发作一次。少数可能转变为癫痫。

笔记栏

2. 惊厥持续状态　　为危重型。指惊厥持续 30 min 以上,或两次发作间歇期意识不能完全恢复者。惊厥时间过长,可引起缺氧性脑损害甚至死亡。

三、实验室检查与其他辅助检查

血糖,血电解质及脑脊液检查。必要时可做眼底、脑电图、心电图、CT、MRI 等检查。

四、治疗

针对病因治疗。

1. 镇静止惊　　惊厥持续大于 5 min 给予止惊药物治疗。首选地西泮,0.3～0.5 mg/kg,静脉注射,速度不超过 2 mg/min,一次总剂量不超过 10 mg;10% 水合氯醛 0.5 mL/kg,稀释后保留灌肠,一次最大量不超过 10 mL。

2. 对症治疗　　高热者予物理或药物降温;脑水肿予脱水降颅压;必要时氧气吸入等治疗。

五、护理诊断

1. 急性意识障碍　　与惊厥发作有关。
2. 有误吸的危险　　与惊厥发作、咳嗽反射减弱有关。
3. 有受伤的危险　　与抽搐、意识障碍有关。

六、护理措施

1. 发作处理　　就地抢救,患儿平卧,头偏向一侧,解开衣领,松解衣裤,清理呼吸道,必要时吸痰,保持呼吸道畅通;床边备开口器及气管插管等物品,必要时吸氧。

2. 安全防护　　发作时移开可导致损伤的物品;保护肢体,勿强力按压,防止皮肤受损、骨折或脱臼;不可将物品塞入患儿口中或强力撬开紧闭的牙关。拉床栏,专人守护。

3. 病情观察　　密切观察体温、脉搏、呼吸、血压、意识及瞳孔的变化;观察惊厥发作的类型、持续时间、次数和伴随症状;观察用药效果及不良反应。

七、健康指导

指导掌握控制体温及预防惊厥的措施;演示发作时的急救方法,告知家长缓解时迅速送医院治疗。

第二节　急性呼吸衰竭

一、概述

急性呼吸衰竭(ARF),是指各种原因导致的中枢和(或)外周性的呼吸功能障碍,出现低氧血症和(或)高碳酸血症,并由此引起一系列生理功能和代谢紊乱的临床综合征。根据血气标准分为两型:① Ⅰ 型呼吸衰竭:缺氧而无二氧化碳潴留(PaO_2 < 60 mmHg,$PaCO_2$ 正常或降低);② Ⅱ 型呼吸衰竭:缺氧伴有二氧化碳潴留(PaO_2 < 60 mmHg,$PaCO_2$ > 50 mmHg)。常见病因包括新生儿见于新生儿窒息、吸入性肺炎等;小于 2 岁儿童见于支气管肺炎、哮喘持续状态、喉炎、先天性心脏病、气道异物、先天性气道畸形、腺样体肥大或扁桃体肿大所致的鼻咽梗阻等;2 岁以上见于哮喘持续状态、多发性神经根炎、中毒、溺水、脑炎、损伤等。

笔记栏

二、临床表现

（1）原发病的表现。

（2）重要脏器功能异常

1）呼吸系统症状：可出现异常呼吸、呼吸增快、吸气性凹陷明显。新生儿及小婴儿可出现呼气时呻吟。急性呼吸窘迫综合征为呼吸衰竭的典型病症。发绀为缺氧的典型表现，以唇、口周、甲床等处最为明显。

2）循环系统：早期可有血压升高、心率增快、心排血量增加；严重时可有心音低钝、心率减慢、心律不齐、心排血量减少、血压下降。

3）神经系统：早期可有睡眠不安、烦躁、易激惹，继而出现神志模糊、嗜睡、意识障碍，严重时出现颅内压增高、惊厥及脑疝的表现。

4）肾功能障碍：钠水排出减少；严重时发生肾衰竭。

5）消化系统：可有食欲减退、恶心等胃肠道表现，严重时可出现消化道出血。

（3）代谢：无氧代谢导致乳酸产生增加，pH 明显降低。电解质紊乱与酸碱失衡。

三、实验室检查与其他辅助检查

动脉血血气分析测定，以判断呼吸衰竭的类型、程度及酸碱平衡紊乱的程度。

四、治疗

1. 一般治疗　除病因治疗及营养支持外，予胸部物理治疗以减少呼吸道的阻力和呼吸做功。

2. 氧疗及呼吸支持　早期予氧气吸入。必要时予无创气道内正压支持，如体重＜8 kg 用 CPAP，体重＞8 kg 用 BiPAP；重症除常规机械通气外，可给予体外膜氧合、液体通气、一氧化氮或氦气吸入治疗等特殊的呼吸支持。

3. 营养支持　患儿常存在能量或蛋白质消耗多且摄入不足情况，提高营养摄取可降低死亡率。每日热量为 50 kcal/kg，液量为每日 60～80 mL/kg。

五、护理诊断

1. 气体交换受损　与肺换气功能障碍有关。
2. 清理呼吸道无效　与呼吸道分泌物黏稠、无力咳痰、呼吸功能受损有关。
3. 营养失调：低于机体需要量　与摄入不足及疾病消耗有关。
4. 潜在并发症：继发感染、多器官功能衰竭等

六、护理措施

1. 一般护理　舒适体位，俯卧位对呼吸支持患儿有利。保持呼吸道通畅，予气道湿化或雾化，鼓励咳痰，协助翻身拍背，必要时给予吸痰。营养支持，危重患儿可通过管饲法或肠外营养支持供给营养。

2. 给氧及机械通气　鼻导管及面罩、头罩加温和湿化后持续给氧。吸纯氧不超过 4～6 h，以免氧中毒。机械通气时专人监护；防止继发感染；明确机械通气使用和撤机指征，尽早撤机。

3. 病情观察　观察呼吸频率、节律、咳嗽和咳痰情况；心率、心律、血压及皮肤颜色、末梢循环、肢端温度、尿量的变化；体温及血象变化；昏迷者观察意识、瞳孔、肌张力、病理反射及受压皮肤情况等。

4. 用药护理　按医嘱用洋地黄类药、血管活性药、脱水药、利尿药等，密切观察药物的疗效及不良反应。

5. 预防并发症　加强手卫生及皮肤、口腔等护理，观察并发症发生的征象。如呼吸机相关性肺炎、导管相关性感染等。

第三节 充血性心力衰竭

一、概述

充血性心力衰竭(congestive heart failure,CHF)简称心衰,是指心脏的收缩或舒张功能下降,心排血量绝对或相对不足,不能满足全身组织代谢需要的病理状态。1岁以内心衰的发病率最高,其中以先天性心脏病引起者最多见。

二、临床表现

年长儿心衰的症状与成人相似,主要表现为乏力、活动后气促、食欲减退、腹痛和咳嗽。安静时心率快、呼吸浅快、颈静脉怒张、肝肿大、压痛,肝颈静脉回流征阳性,病情重者可有端坐呼吸、肺底部闻及湿啰音,尿少和水肿;心脏听诊可及心尖部第一心音减低和奔马律。婴幼儿常表现为呼吸浅快、频率可达50~100次/分,喂养困难,烦躁多汗,哭声低弱,体重增长缓慢,肺部可闻及干啰音或哮鸣音,肝脏进行性肿大,水肿首先见于颜面、眼睑等部位,严重时鼻唇三角区呈现青紫。

临床诊断依据:① 安静时心率增快,婴儿>180次/分,幼儿>160次/分,不能用发热或缺氧解释者;② 呼吸困难,发绀突然加重,安静时呼吸>60次/分;③ 肝脏肿大,超过肋缘下3 cm以上,或肝脏在短时间内较前增大,而不能以其他原因解释者;④ 心音低钝或出现奔马律;⑤ 突然烦躁不安,面色苍白或发灰,而不能用原有疾病解释者;⑥ 尿少和下肢水肿,除外其他原因造成者。

上述前4项为主要临床诊断依据,也可根据其他表现和1~2项辅助检查综合分析。

三、实验室检查与其他辅助检查

胸部X线检查、心电图及超声心动图检查。脑利钠肽有助于鉴别心力衰竭与非心血管疾病。

四、治疗

1. 一般治疗　　充分休息,适当镇静。对呼吸困难者及时给予吸氧。
2. 洋地黄类药物　　地高辛为最常用的洋地黄制剂,口服2岁以下0.05~0.06 mg/kg,2岁以上0.03~0.05 mg/kg,总剂量不超过1.5 mg,静脉用药为口服剂量的1/3~1/2。去乙酰毛花苷(西地兰)静脉注射,2岁以下0.03~0.04 mg/kg,2岁以上0.02~0.03 mg/kg。多采用首先达到洋地黄化的方法,即洋地黄静注,首次给洋地黄化总量的1/2,余量分2次,每4~6 h静脉注射1次;能口服者予口服地高辛,首次给洋地黄化总量的1/3或1/2,余量分2次,每6~8 h给予1次;然后根据病情需要在洋地黄化后12 h使用维持量。
3. 利尿剂　　当使用洋地黄类药物而心衰仍未完全控制或有显著水肿者,可选用呋塞米等快速强力利尿剂。
4. 血管扩张剂　　常用的药物有卡托普利、硝普钠、酚妥拉明等。

五、护理诊断

1. 心排血量减少　　与心肌收缩力降低有关。
2. 体液过多　　与心功能下降、循环淤血有关。
3. 气体交换受损　　与肺淤血有关。
4. 潜在并发症:药物不良反应

六、护理措施

(1) 取半坐卧位,充分休息,避免用力排便。予低盐或无盐饮食,少量多餐。喂奶时奶头孔宜稍大,以免吸吮费力,必要时鼻饲。

(2) 患儿呼吸困难和有发绀时应给氧气吸入。急性肺水肿时,可给25%～30%乙醇湿化的氧气吸入。

(3) 密切观察生命体征的变化,详细记录出入量,定时测量体重。控制液体入量,尽量减少静脉输液或输血,输液速度宜慢,以每小时不超过5 mL/kg为宜。

(4) 用药护理

1) 洋地黄制剂:① 每次应用洋地黄前应测量脉搏,必要时听心率,数满1 min。心衰症状缓解,遵医嘱暂停用药;② 当注射用药量少于0.5 mL时,应稀释后用1 mL注射器吸药,口服药要与其他的药物分开服用;③ 当出现恶心呕吐、心率过慢、心律失常、视力模糊、嗜睡、头晕等毒性反应时,应停用洋地黄并处置。

2) 利尿剂:尽量在清晨或上午给药。定时测体重及记录尿量,观察水肿的变化及四肢软弱无力、腹胀、心音低钝、心律失常等低血钾的表现。进食含钾丰富的食物。

3) 血管扩张剂:密切观察心率和血压的变化,避免血压过度下降。防止药液外渗。

七、健康指导

介绍心力衰竭的病因、诱因及防治措施,适当安排休息,避免情绪激动和过度活动;注意营养,防止受凉感冒;教会自我检测脉搏、用药和家庭护理的方法。

第四节　心跳呼吸骤停

一、概述

心跳呼吸骤停是指患儿突然呼吸及循环功能停止。引发原因包括疾病(心血管系统的状态不稳定、急速进展的肺部疾病、神经系统疾病病情急剧变化时、某些临床诊疗操作引发等)和意外伤害等。

二、临床表现

患儿突然昏迷,部分有一过性抽搐,呼吸停止,面色灰暗或发绀,瞳孔散大和对光反射消失、大动脉(颈、股、肱动脉)搏动消失,心音消失。心电图检查可见等电位线、电机械分离或心室颤动等。患儿突然昏迷及大血管搏动消失即可诊断,不必反复触摸脉搏或听心音,以免延误抢救时机。

三、治疗

儿童生存链:防止心跳呼吸骤停、尽早实施CPR、迅速激活急救系统,快速高级生命支持,综合的心搏骤停后治疗。现场抢救十分重要,强调"黄金4分钟"。

1. 迅速评估　包括现场环境是否安全,评估患儿反应性,10 s内检测大血管搏动及呼吸情况。

2. 迅速实施CPR　按C-A-B顺序进行,新生儿按A-B-C顺序。

(1) 胸外按压(C):确定无意识、无脉搏后,立即胸外心脏按压,给予循环支持。

新生儿或小婴儿用一手托住患儿背部,将另一手两手指置于乳头连线下一横指处进行;或两手掌及四手指托住两侧背部,双手大拇指按压胸骨下1/3处。对1～8岁的儿童,一只手固定患儿头

部,另一手掌根部置于胸骨下半段(避开剑突),其长轴与胸骨的长轴一致。按压深度至少为胸廓前后径的1/3(婴儿大约4 cm,儿童大约5 cm,不超过6 cm),频率100~120次/分。对年长儿(>8岁)同成人。

(2) 保持呼吸道通畅(A):去除呼吸道内的分泌物、异物或呕吐物。一只手小鱼际部位置于患儿的前额,另一手上提下颌,使下颌角与耳垂连线和地面垂直。疑有颈椎损伤时,用托下颌法开通气道。亦可放置口咽通气管。

(3) 建立呼吸(B):胸外心脏按压与呼吸之比在新生儿为3∶1,婴儿及儿童单人操作为30∶2或双人操作为15∶2。

1) 口对口人工呼吸:适合于现场急救。操作者深吸一口气,用口对口,拇指和示指捏紧患儿的鼻翼;如<1岁患儿,将口封住婴儿的鼻和口,打开呼吸道吹气,同时可见患儿的胸廓抬起。停止吹气后,放开鼻孔,使患儿自然呼气。应尽快获取其他辅助呼吸的方法替代。

2) 复苏囊的应用:操作时采用"EC"方式将复苏球囊的面罩紧密覆盖于患儿的口鼻,并托颌保证气道畅通。对于足月新生儿最好采用空气开始复苏,如90 s后无改善,则改为100%氧复苏。

3) 气管插管人工呼吸法:插管后可继续进行球囊加压通气,或连接呼吸机进行机械通气。

(4) 快速除颤:当出现心室颤动、室性心动过速和室上性心动过速时,可用电击除颤复律。除颤后立即行CPR,2 min后重新评估。

3. 迅速激活急救系统　　单人操作时,先行5个循环CPR后联系"120",或同时用手机免提功能联系"120"。获取AED或手动除颤仪。

4. 高级生命支持　　建立静脉通路、应用药物、放置气管导管、给氧、电除颤、心电监护、对症处理复苏后症状等。常用药物有肾上腺素、碳酸氢钠、阿托品、葡萄糖、钙剂、利多卡因、纳洛酮等。90 s内建立静脉通路,否则应建立骨内通道,如均未能建立,利多卡因、肾上腺素、阿托品、纳洛酮等脂溶性药物可经气管内给药。

四、护理措施

1. 监护与病情观察　　专人监护,详细记录24 h出入液量。

(1) 循环系统:心电监护,每15 min测脉搏、血压和心率一次直至指标平稳。密切观察皮肤、口唇的颜色,四肢的温度,指(趾)甲的颜色及静脉充盈等末梢循环情况。

(2) 呼吸系统:保持呼吸道通畅,定时翻身、拍背、湿化气道、排痰,按医嘱应用抗生素,防止肺部感染的发生。出现呼吸困难、鼻翼扇动、呼吸频率、节律明显不正常时,应注意防止呼吸衰竭。

(3) 脑缺氧:观察神志、瞳孔变化及肢体活动情况,及早应用低温疗法及脱水剂。

(4) 肾功能:严密观察血容量及电解质变化。每小时测量尿量1次,观察尿的颜色及比重。

2. 防止继发感染　　严格无菌操作;病情许可,应勤翻身拍背,防止压疮及继发感染的发生;注意口腔及眼护理,防止角膜干燥、溃疡及角膜炎的发生。

知识拓展

体外膜氧合技术(ECMO)*

ECMO是将静脉血从体内引流到体外,经氧合器氧合血液再重新通过静脉和(或)动脉灌注入体内,以维持机体各器官的灌注和氧合,对严重的可逆性呼吸和(或)循环衰竭患者进行长时间心肺支持,使心肺得以充分的休息,为抢救治疗和心肺功能的恢复赢得宝贵的时间。常用的治疗模式可分为静脉-静脉ECMO(VV-ECMO)、静脉-动脉ECMO(VA-ECMO)和动脉-静脉ECMO(AV-ECMO)模式。

* 引自:① 龙村.体外膜肺氧合循环支持专家共识.中国体外循环杂志,2014,12(2):65-67.
② 刘松桥,邱海波.ECMO临床应用及进展.中华医学信息导报,2015,30(5):16-17.

小 结

1. 呼吸衰竭
   - 分型
     - Ⅰ型呼吸衰竭
     - Ⅱ型呼吸衰竭
   - 临床表现
     - 原发病的表现
     - 重要脏器功能异常：呼吸、循环、神经、肾功能、消化、代谢
   - 护理：保持呼吸道畅通、及早给氧、必要时机械通气

2. 充血性心力衰竭
   - 临床表现：心排血量不足、体循环和肺循环淤血的表现
   - 治疗：改善心功能、消除水钠潴留、降低氧耗和纠正代谢紊乱、营养支持
   - 护理：充分休息、合理营养、控制液体入量、给氧、做好用药护理、预防并发症

3. 心跳呼吸骤停
   - 儿童生存链：防止心跳呼吸骤停、尽早实施CPR、迅速激活急救系统、快速高级生命支持、综合的心搏骤停后治疗
   - CPR程序
     - 婴幼儿及以上年龄段患儿执行CAB程序
     - 新生儿执行ABC程序

【思考题】

患儿，男，6个月，3 d前因"肺炎"诊断收入院。现患儿突然烦躁不安，呼吸困难加重，口周发绀，心率190次/分，心音低钝，双肺布满细湿啰音，叩诊正常，肝肋下3 cm，心电图T波低平。
(1) 患儿可能同时发生了什么并发症？
(2) 此时应采取哪些护理措施？

（倪春梅　陈玉瑛）

第十七章

常见肿瘤患儿的护理

学习要点

- **掌握**：① 急性白血病的分类、分型、主要临床表现、治疗原则；② 常用化疗药物及其毒副反应；③ 淋巴瘤的病因及神经母细胞瘤、肾母细胞瘤的辅助检查。
- **熟悉**：① 急性白血病的病因、发病机制、实验室检查与其他辅助检查特征；② 淋巴瘤、神经母细胞瘤、肾母细胞瘤的临床表现、辅助检查和治疗要点。

第一节 急性白血病

一、概述

白血病是造血组织中某一细胞系统过度增生、进入血流并浸润各组织和器官引起一系列临床表现的恶性血液病。可能相关因素：病毒感染，电离辐射、放射、核辐射，重金属、某些药物诱发，遗传或体质因素。分类与分型如下。

(1) 根据增生的白细胞种类不同可分为急性淋巴细胞白血病(ALL)、急性非淋巴细胞白血病(ANLL)两大类。儿童以急性淋巴细胞白血病发病率最高，75%～85%。

(2) 目前采用形态学(M)、免疫学(I)、细胞遗传学(C)、分子生物学(M)，即MICM综合分型。

二、临床表现

各种急性白血病的临床表现基本相同，主要表现为发热、贫血、出血和白血病细胞浸润所致的肝、脾、淋巴结肿大和骨、关节疼痛等。主要内容如下。

(1) 发热：热型不定，抗生素治疗无效。
(2) 贫血：出现早，进行性加重。
(3) 出血：皮肤、黏膜出血多见，偶见颅内出血，是引起死亡的重要原因之一。
(4) 白血病细胞浸润的症状和体征：肝、脾、淋巴结肿大，可有压痛，骨、关节疼痛，绿色瘤，中枢神经系统白血病，压迫症状等。

三、实验室检查与其他辅助检查

1. **血象** 红细胞和血红蛋白降低；血小板数降低；白细胞数可高可低，以增高多见，以原始和幼稚细胞为主。

2. **骨髓象** 是确立诊断和判断疗效的重要依据。白血病原始和幼稚细胞极度增生，幼红细

笔记栏

胞和巨核细胞减少。

四、治疗

1. 原则　　以化疗为主的综合治疗。早期诊断、早期治疗、严格分型、按型选方案,尽快完全缓解,早期预防髓外白血病。化疗药要采用联合(3~5种)、足量、间歇、交替及长期的治疗方针。

2. 具体措施　　联合化疗,支持治疗,造血干细胞移植。

五、护理诊断

1. 体温过高　　与大量白细胞浸润、坏死和(或)感染有关。
2. 活动无耐力　　与贫血致组织缺氧有关。
3. 营养失调：低于机体需要量　　与消耗增加,与抗肿瘤治疗致恶心、呕吐、食欲下降、摄入不足有关。
4. 有感染的危险　　与机体免疫功能低下有关。
5. 疼痛　　与白血病细胞浸润有关。
6. 潜在并发症：药物不良反应如骨髓抑制、胃肠道反应等
7. 悲伤　　与白血病久治不愈有关。
8. 恐惧　　与病情重、侵入性治疗及护理技术操作多,预后不良等有关。

六、护理措施

1. 注意休息　　减轻疼痛,加强营养,提供情感支持和心理疏导。
2. 防止感染　　保护性隔离;维持正常体温,注意个人卫生;严格执行无菌操作规程;避免减毒活疫苗预防接种,以防发病;观察感染早期征象。
3. 防治出血　　遵医嘱输成分血。
4. 化学药物应用的护理　　熟悉各种化疗药物的药理作用和特征,了解化疗方案及给药途径,正确给药;观察及处理药物毒性作用;操作中护理人员要注意自我保护及环境保护;保护患儿血管。
5. 情感及心理支持　　关心爱护患儿,各种穿刺前后给予表面麻醉剂减少疼痛,指导患儿和家长了解治疗手段及治疗进展,以减轻或消除恐惧心理,增强战胜疾病的信心。

七、健康指导

讲解白血病相关知识,化疗药的作用和不良反应。教会家长预防感染和观察感染及出血征象。明确坚持定期化疗的重要性。鼓励患儿参与体格锻炼,增强抗病能力。定期随访,监测治疗方案执行情况。

第二节　淋巴瘤

淋巴瘤是一组原发于淋巴结或其他淋巴组织的恶性肿瘤,临床表现为进行性、无痛性淋巴结肿大,常伴肝脾肿大,晚期可有发热、贫血、出血和恶病质表现。一般分为霍奇金淋巴瘤和非霍奇金淋巴瘤两大类,儿童以非霍奇金淋巴瘤多见,约占60%。

一、霍奇金淋巴瘤

(一) 概述

霍奇金淋巴瘤是淋巴系统包括淋巴结的恶性肿瘤,可向淋巴结以外的器官扩散。病毒尤其是

EB病毒感染可能与发病有密切关系。免疫缺陷、辐射、药物和遗传因素等可为促发因素。根据病变范围分为四种类型。

Ⅰ型：仅限于单个淋巴结区或单个淋巴结外器官。

Ⅱ型：累及膈肌同侧两组或两组以上淋巴结区，或局部淋巴结外器官和膈肌同侧一组以上淋巴结区。

Ⅲ型：累及膈肌两侧淋巴结，可能伴有脾受累；或淋巴结外器官、部位受累。

Ⅳ型：累及淋巴结外的一个或多个器官组织，伴或不伴相关的淋巴结肿大。

（二）临床表现

(1) 慢性、进行性、无痛性淋巴结肿大，通常在颈部或锁骨上，其次为颌下、腋下、腹股沟等处，肿大淋巴结可粘连融合成块，质硬无压痛。

(2) 肿大淋巴结所致的压迫症状。

(3) 瘙痒可为霍奇金淋巴瘤的唯一全身症状。

（三）实验室检查与其他辅助检查

淋巴结活检为确诊的依据。血常规可见中性粒细胞升高，单核细胞升高，可有轻至中度贫血。

（四）治疗

根据年龄、分期制订治疗方案，以综合治疗为主：小剂量的受累部位放疗和联合化疗，8岁以下尽量少用放疗。

二、非霍奇金淋巴瘤

（一）概述

非霍奇金淋巴瘤是免疫系统的恶性实体瘤，细胞来源是恶性、未分化的淋巴细胞。其发病可能由癌基因病毒引起。环境、遗传因子等因素可能与非霍奇金淋巴瘤的发病有关。

（二）临床表现

(1) 主要取决于病变的部位和程度。一般表现有发热和体重减轻。

(2) 各型表现

1) 淋巴母细胞型主要表现为淋巴结肿大，以颈部和胸部最常见，腋下、腹部或腹股沟淋巴结也可首先受累。纵隔淋巴结受累，可能会压迫头面部的静脉回流，引起面部水肿；也常累及中枢神经系统。

2) 未分化小细胞型原发肿瘤以腹部肿块多见，可有腹痛，也可累及中枢神经系统和骨髓。

3) 大细胞型常见于腹部、纵隔、皮肤、骨骼、软组织等部位，很少累及中枢神经系统。

（三）实验室检查与其他辅助检查

受累淋巴结活检及骨髓穿刺是确诊依据。影像学检查可明确病变范围和转移的部位。

（四）治疗

放疗、化疗、支持疗法。

三、淋巴瘤患儿的护理

（一）护理诊断

1. 恐惧　　与恶性病的诊断及不良预后有关。

2. 有感染的危险　　与免疫功能下降有关。

3. 潜在并发症：药物不良反应

（二）护理措施

1. 心理护理　　协助家庭成员接受并认识疾病，多关心、体贴患儿家长，鼓励表达内心感受。尽可能提供一些适龄儿童的娱乐活动。

2. 休息与营养　　鼓励患儿多休息，保持愉快的心情；注意卫生，防止感染；提供高热量、高蛋白质、高维生素食物，鼓励进食，保证营养摄入。

3. 用药护理　　观察放疗、化疗的不良反应，并予以相应处理。

(三) 健康指导

讲解疾病相关知识,放疗、化疗不良反应的观察。鼓励患儿及其父母参与护理计划的制订和实施护理。指导其定期化疗或放疗及门诊随访。

第三节 肾母细胞瘤

一、概述

肾母细胞瘤又称威尔姆瘤或者肾胚胎瘤,是原发于肾脏的胚胎性恶性混合瘤,是婴幼儿最常见的恶性实体瘤之一。具有遗传倾向。WT1和WT2基因突变与肾母细胞瘤的发生有关。还可能与某些先天性畸形有关。根据瘤组织成分分为三型:① 胚芽型:以小圆形蓝色深染细胞成分为主;② 间叶型:以高分化的间叶组织为主;③ 上皮型:以肾小管上皮细胞为主;④ 混合型:以上述三种成分混合组成。

二、临床表现

主要表现为上腹部或腰部肿块、腹胀。晚期可出现面色苍白、消瘦、精神萎靡,甚至出现转移症状。

1. 全身症状　　偶见低热,晚期可出现食欲缺乏、体重下降、恶心、呕吐等。
2. 原发灶表现　　腹部肿块最常见;腹痛、腹胀;镜下血尿,肉眼血尿少见;25%～63%的患儿有轻度高血压。
3. 压迫症状　　如气促、烦躁不安、食欲下降、消瘦等。
4. 转移途径　　主要经血行转移,最常见的转移部位是肺部,其次是肝。

三、实验室检查与其他辅助检查

1. 实验室检查　　血常规示正常或红细胞增多。
2. 影像学检查　　如腹部B超、静脉尿路造影、CT或MRI骨扫描等。

四、治疗

以联合治疗为主,包括手术、放疗、化疗。

五、护理诊断

1. 悲伤　　与恶性疾病有关。
2. 营养失调:低于机体需要量　　与疾病过程中消耗增加、抗肿瘤治疗致恶心、呕吐、食欲下降以及摄入不足有关。
3. 潜在并发症:化疗、放疗的不良反应　　骨髓抑制、胃肠道反应等。

六、护理措施

保证营养素的供给,增强抵抗力。医疗护理操作时尽量不要触摸肿块。术后监测血压和感染的症状,观察并处理并发症(特别是化疗期间)。给予心理支持。讲解疾病相关知识及治疗护理进展,指导患儿用药、休息和营养,定期随访。养成良好的卫生习惯,预防感染。

第四节 神经母细胞瘤

一、概述

神经母细胞瘤是起源于胚胎性交感神经系统神经嵴细胞的恶性肿瘤,可原发于肾上腺髓质或交感神经链的任何部位。第一对染色体短臂等位基因(抑癌基因)的缺失和癌基因 N-myc 的扩增与本病发生有关。

二、临床表现

1. 全身症状　　发热常为首发症状,贫血,也可出现食欲缺乏、体重下降、乏力、易激惹等。还可有血压升高、多汗、心率增快、腹泻等儿茶酚胺增高的表现。

2. 原发灶表现

(1)腹部原发灶:肿瘤很小时不易被发现。随着肿瘤长大,可在上腹部发现无痛性包块,质硬、不规则。可出现压迫症状。

(2)腹腔外原发灶:盆腔、胸部、纵隔、颈部肿瘤长大时可出现相应的压迫症状。

3. 转移症状　　可发生骨骼、骨髓、肝、皮肤、淋巴结和肺转移等,骨骼转移最常见。

三、实验室检查与其他辅助检查

血液检查不同程度的贫血、尿儿茶酚胺代谢产物香草基杏仁酸和高香草酸增高。骨髓活检或涂片、活体组织病理检查、影像学检查。

四、治疗

主要以手术、放疗、化疗等综合治疗为主。另外可行造血干细胞移植,^{131}I-MIGB 放射性核素碘标记的对碘苄胍和诱导分化治疗。

五、护理诊断

1. 活动无耐力　　与肿瘤性贫血有关。
2. 营养失调:低于机体需要量　　与食欲减退、肿瘤消耗等有关。
3. 悲伤　　与疾病的预后不良有关。
4. 潜在并发症:化疗、放疗的不良反应　　骨髓抑制、胃肠道反应等。

六、护理措施

1. 合理安排休息与营养　　保证营养素的供给,根据病情适当安排患儿活动与休息时间,增强抵抗力。

2. 熟悉各种化疗药物的药理作用和特性　　了解化疗方案和给药途径,正确给药,观察并处理药物不良反应。

3. 放疗的护理　　注意观察,发现异常及时报告医生处理。

4. 心理护理　　给予患儿及家长心理支持,鼓励其正确面对疾病,主动配合治疗。

七、健康指导

给予心理支持。讲解疾病相关知识及治疗护理进展。指导患儿休息和营养,增强体质。指导

笔记栏

用药,定期随访,保证疗效。

> **知识拓展**
>
> **非血缘造血干细胞移植的临床应用**
>
> 异基因造血干细胞移植(allo-HSCT)是治愈多种造血系统良恶性疾病及部分非血液系统疾病的重要手段之一。在我国,非血缘造血干细胞移植(URD-HSCT)已成 allo-HSCT 的主体,且呈稳定增长态势。循证医学证实,非血缘全合造血干细胞移植(MUD-HSCT)已取得与同胞相合造血干细胞移植(MRD-HSCT)相似的移植效果。因此,在缺乏同胞全合供体的情况下,脐血、非血缘供者、半相合供者可作为备选。

小 结

1. 白血病
   - 分类
     - 急性淋巴细胞白血病:L1、L2 和 L3 三型,儿童多见此型
     - 急性非淋巴细胞白血病:$M_1 \sim M_7$ 七型
   - 分型:MICM 综合分型
   - 临床表现:发热、贫血、出血和白血病细胞浸润所致的肝、脾、淋巴结肿大和骨、关节疼痛等
   - 骨髓象:是确立诊断和判断疗效的重要依据
   - 治疗原则:以化疗为主的综合治疗

2. 淋巴瘤
   - 分类
     - 霍奇金淋巴瘤
       - 临床表现
         - 慢性、进行性、无痛性淋巴结肿大
         - 肿大淋巴结所致的压迫症状
       - 淋巴结活检为确诊的依据
     - 非霍奇金淋巴瘤
       - 临床表现:主要取决于病变的部位和程度,一般表现有发热和体重减轻。儿童多见此型,淋巴结活检及骨髓穿刺是确诊依据
   - 护理:观察放疗、化疗不良反应,并予以相应处理

【思考题】

患儿,男,4 岁,因"发热 1 个月,双下肢疼痛 10 d"入院。查体:T 38.8℃,面色苍白,双下肢散在瘀斑,膝下疼痛,双颈部可触及蚕豆大小淋巴结,肝肋下 3 cm。血常规:RBC 2.0×10^{12}/L,Hb 76 g/L,WBC 2.1×10^9/L,N 13%,L 85%,PLT 30×10^9/L。

(1) 该患儿可能的诊断是什么?

(2) 主要护理诊断有哪些?采取哪些护理措施?

(成小丽 倪春梅)

推荐补充阅读书目及网站

丁国芳.极低出生体重儿尽早达到足量肠内营养喂养策略——《极低出生体重儿喂养指南》解读.中国实用儿科杂志,2016,2(31):85-89.

丁国芳.新生儿黄疸干预推荐方案.中国实用儿科杂志,2001,16(8):501-522.

《儿童慢性咳嗽诊断与治疗指南(试行)》.中华医学会儿科学分会呼吸学组.《中华儿科杂志》编辑委员会中华全科医师杂志,2011,10(9):623-626.

傅启华,郑昭碌.新生儿遗传代谢性疾病的实验室筛查与诊断.中华检验医学杂志,2014,7:248-251.

管娜.欧洲2015年儿童泌尿系感染诊治指南解读.中华实用儿科临床杂志,2016,31(05):337-340.

郭虎,郑帼.热性惊厥处理指南解读.实用儿科临床杂志,2011,26(6):467-468.

黄玿,吴平生.美国心脏病学会(AHA)川崎病诊断指南.岭南心血管病杂志,2003,9(4):301.

黄艳仪.染色体疾病的产前诊断.中华临床医师杂志(电子版),2012,6(11):2853-2856.

九市儿童体格发育调查协作组,首都儿科研究所.2005年中国九市七岁以下儿童体格发育调查.中华儿科杂志,2007,45(8):609-614.

黎海芪.国外儿童生长发育、营养指南介绍.实用儿科临床杂志,2008,23(23):1864-1866.

黎海芪,毛萌.儿童保健学.北京:人民卫生出版社,2009.

美国心脏协会(American Heart Association,AHA).2015心肺复苏和心血管急救指南更新(更新版).

缪红军.2011年美国婴幼儿和儿童脑死亡判定指南.中华实用儿科临床杂志,2013,28(6):477-478.

茹喜芳,冯琪.新生儿呼吸窘迫综合征的管理——欧洲共识指南2013版.中国新生儿科杂志,2013,28(05):356-358.

邵肖梅,叶鸿瑁,丘小汕.实用新生儿学.4版.北京:人民卫生出版社,2011.

沈晓明,金星明.发育和行为儿科学.南京:江苏科技出版社,2003.

王长希.抓住机遇发展我国儿童肾移植.中华儿科杂志,2015,53(9):644-646.

卫生部手足口病临床专家组.肠道病毒71型(EV71)感染重症病例临床救治专家共识.中华儿科杂志,2011,49(9):675-678.

徐卓明.小儿先天性心脏病相关性肺高压诊断和治疗(专家共识).中华小儿外科杂志,2011,32(4):306-318.

严超英.新生儿重症监护室早产儿营养指南.中华实用儿科临床杂志,2010,25(14):1117-1120.

杨月欣,苏宜香,汪之顼,等.中国学龄前儿童膳食指南(2016).中国儿童保健杂志,2017,25(04):217-219.

张大伟,金眉,周春菊,等.儿童肾母细胞瘤合并肺转移的临床特点和治疗.现代肿瘤医学,2015,23(3):415-417.

张培元.肺结核诊断和治疗指南.中华结核和呼吸杂志,2001,24(2):70-74.

中国儿科相关医学专家组.糖皮质激素雾化吸入疗法在儿科应用的专家共识.临床儿科杂志,2014,32(6):504-511.

中国抗癫痫协会.癫痫中心分级标准(试行).癫痫杂志,2017,3(3):246-247.

中国人民解放军医学会儿科分会肾脏病学组,中国人民解放军医学会儿科分会肾脏病学组.急性肾小球肾炎的循证诊治指南.临床儿科杂志,2013(6):561-564.

中国新生儿复苏项目专家组.中国新生儿复苏指南.中华围产医学杂志,2016,19(07):481-486.

中国医师协会心血管内科分会先心病工作委员会.常见先天性心脏病介入治疗中国专家共识.介入放射学杂志.

2011,20(1):3-9.

中国医师协会新生儿科医师分会营养专业委员会,中国医师协会儿童健康专业委员会母乳库学组,《中华儿科杂志》编辑委员会.新生儿重症监护病房推行早产儿母乳喂养的建议.中华儿科杂志,2016,1(54):13-16.

《中华儿科杂志》编辑委员会,中华医学会儿科学分会血液学组,中华医学会儿科学分会儿童保健学组.儿童缺铁和缺铁性贫血防治建议.中华儿科杂志,2008,46(7):502-504.

中华人民共和国卫生部.手足口病诊疗指南(2016版).

中华人民共和国卫生部,中国人民解放军总后勤部卫生部.临床护理实践指南(2011版).北京:人民卫生出版社,2011.

中华医学会儿科分学会呼吸学组,《中华儿科杂志》编辑委员会.儿童支气管哮喘诊断与防治指南.中华儿科杂志,2016,54(3):167-181.

中华医学会儿科分学会呼吸学组,《中华实用儿科临床杂志》编辑委员会.白三烯受体拮抗剂在儿童常见呼吸系统疾病中的临床应用专家共识.中华实用儿科临床杂志,2016,31(13):973-977.

中华医学会儿科分学会呼吸学组,《中华实用儿科临床杂志》编辑委员会.儿童咯血诊断与治疗专家共识.中华实用儿科临床杂志,2016,31(20):1525-1530.

中华医学会儿科分学会神经学组,《中华儿科杂志》编辑委员会,热性惊厥诊断治疗与管理专家共识(2016).中华儿科杂志,2016,54(10):723-727.

中华医学会儿科分学会血液学组.儿童恶性血液病脐带血移植专家共识.中华儿科杂志,2016,54(11):804-807.

中华医学会儿科学分会儿童保健组.中国儿童体格生长评价建议.中华儿科杂志,2015,53(12):887-892.

中华医学会儿科学分会内分泌遗传代谢学组.儿童青少年2型糖尿病诊治中国专家共识.中华儿科杂志,2017,55(06):404-410.

中华医学会儿科学分会内分泌遗传代谢学组,《中华儿科杂志》编辑委员会.儿童及青少年糖尿病的胰岛素治疗指南(2010年版).中华儿科杂志,2010,48(6):431-435.

中华医学会儿科学分会内分泌遗传代谢学组,《中华儿科杂志》编辑委员会.儿童糖尿病酮症酸中毒诊疗指南(2009年版).中华儿科杂志,2009,47(6):421-425.

中华医学会儿科学分会消化学组,《中华儿科杂志》编辑委员会.中国儿童急性感染性腹泻病临床实践指南.中华儿科杂志,2016,54(7):483-488.

中华医学会儿科学分会消化学组,中华医学会肠外肠内营养学分会儿科学组.婴儿急性腹泻的临床营养干预路径.中华儿科杂志,2012,50(9):682-683.

中华医学会儿科学分会消化学组,中华医学会儿科学会感染学组,《中华儿科杂志》编辑委员会.儿童腹泻病诊断治疗原则的专家共识.中华儿科杂志,2009,47(8):634-636.

中华医学会儿科学分会心血管学组,中华医学会儿科学分会免疫学组.川崎病冠状动脉病变的临床处理建议.中华儿科杂志,2012,50(10):746-749.

中华医学会儿科学分会新生儿学组.新生儿高胆红素血症诊断和治疗专家共识.中华儿科杂志,2014,52(10):745-748.

中华医学会儿科学分会新生儿学组.新生儿机械通气常规.中华儿科杂志,2015,53(05):327-330.

中华医学会儿科学分会血液学组,《中华儿科杂志》委员会.儿童急性淋巴细胞白血病诊疗建议(第三次修订草案).中华儿科杂志,2006,44(5):392-395.

中华医学会儿科学会肾脏病学组.儿童常见肾脏疾病诊治循证指南(试行).中华儿科杂志,2010,48(5):355-357.

中华医学会呼吸病学分会哮喘学组.支气管哮喘控制的中国专家共识.中华内科杂志,2013,52(5):440-443.

中华医学会结核病学分会,中华结核和呼吸杂志编辑委员会.气管支气管结核诊断和治疗指南(试行).中华结核和呼吸杂志,2012,35(8):581-587.

中华医学会神经病学分会脑电图与癫痫学组.非惊厥性癫痫持续状态的治疗专家共识.中华神经科杂志,2013,46(2):133-137.

中华医学会围产医学分会新生儿复苏组.新生儿窒息诊断的专家共识.中华围产医学杂志,2016,19(01):3-6.

中华医学会小儿外科分学会心胸外科学组.先天性心脏病患儿营养支持专家共识.中华小儿外科杂志,2016,37(1):3-8.

中华医学会血液分会血栓与止血组,中国血友病协作组儿童组,中华医学会儿科学分会血液学组.中国儿童血友病专家指导意见(2017年).中国实用儿科杂志,2017,1(32):1-5.

中华医学会血液学分会.中国慢性淋巴细胞白血病的诊断与治疗指南(2011年版).中华血液学杂志,2011,32(7):498-501.

大医医学网.www.dayi100.com.

世界卫生组织官网.http://www.who.int/materrnal_child_adolescent/topics/child/imci/zh.

万方医学数据库.http://met.wanfangdata.com.cn.

维普期刊资源整合服务平台.http://lib.cqvip.com.

新华网.http://news.xinhuanet.com/ziliao.

中国知网.http://www.cnki.net.

中华人民共和国国家卫生和计划生育委员会.http://www.nhtpc.gov.cn/.

主要参考文献

王卫平.儿科学.8版.北京：人民卫生出版社,2013.
张玉侠.儿科护理规范与实践指南.上海：复旦大学出版社,2011.
张玉侠.新编儿科护理学.上海：复旦大学出版社,2013.
邵肖梅,叶鸿瑁,丘小汕.实用新生儿学.4版.北京：北京人民出版社,2011.
崔焱.儿科护理学.实践与学习指导.北京：人民卫生出版社,2012.
崔焱.儿科护理学.5版.北京：人民卫生出版社,2014.
崔焱.儿科护理学.6版.北京：人民卫生出版社,2017.